HEYNE BÜCHER

HEYNE KOCHBÜCHER

MIREILLE BALLERO

Die besten vegetarischen Gerichte aus aller Welt

Viele fantasievolle Rezepte für alle, die lieber fleischlos essen

Deutsche Erstveröffentlichung

WILHELM HEYNE VERLAG
MÜNCHEN

HEYNE KOCH- UND GETRÄNKEBÜCHER
Nr. 07/4321

Titel der französischen Originalausgabe
Les meilleures recettes végétariennes du monde entier
Deutsche Übersetzung von Ursula Tavener

11. Auflage

Printed in Germany 1997
Umschlagbild: Fotostudio Teubner, Füssen
Umschlaggestaltung: Atelier Heinrichs & Schütz, München
Gesamtherstellung: Ebner Ulm

ISBN 3-453-40305-3

Inhalt

Einleitung 7
Über vegetarische Ernährung 10
Über die Gewürze 16
Tips und Ratschläge 32
Saucen 33
Pikante Beilagen und Chutneys 43
Raitas 53
Rohkost und frische Salate 57
Vorspeisen 69
Suppen 86
Teigwaren 103
Reis- und Getreidegerichte 108
Hülsenfrüchte 130
Gemüse 140
Füllungen und Pürees 172
Nachspeisen 183
Wie macht man . . .? 210
Register, nach Kapiteln geordnet 222

Alle Rezepte sind, soweit nicht anders angegeben, für 4 Personen berechnet.

Abkürzungen:

1 TL = 1 Teelöffel
1 EL = 1 Eßlöffel
1 Msp = 1 Messerspitze

Einleitung

Die vegetarische Küche galt schon immer als die arme Verwandte der großen französischen Küche.
Im Vergleich zu der unendlich großen Anzahl von Rezepten, die beschreiben, wie Fleisch, Geflügel und Wild zubereitet und präsentiert werden oder welche Saucen dazu passen – nehmen Gemüse und Zerealien in den Kochbüchern nur ganz wenig Platz ein, man hat sie zu Beilagen herabgewürdigt.
Die meisten Bücher über vegetarische Küche, die zur Zeit auf dem Markt sind, propagieren gesunde Kost, stellen das Diätprogramm von diesem oder jenem Ernährungsfachmann vor.
Wir haben zu viele Vegetarier gesehen, die Kalorien zählen, die – um ihr Yin und Yang im Gleichgewicht zu halten – traurig auf einem ›Getreideschnitzel‹ oder irgendeinem mittelmäßig gewürzten Gemüse herumkauen, und verstehen deshalb ganz gut, warum die Öffentlichkeit auf solch eine Küche mit Zurückhaltung reagiert . . .
Sehr viele Menschen haben Vorurteile gegen vegetarische Ernährung, glauben, daß sie weder schmeckt noch abwechslungsreich ist. Dabei gibt es in Wirklichkeit Tausende von köstlichen und nahrhaften Gerichten, die wir noch nie probiert haben. Der Grund: mangelnde Information, Gewohnheit, Erziehung.

Für vegetarische Ästheten und Feinschmecker wurde dieses kleine Buch geschrieben. Es enthält Rezepte aus aller Welt: Afrika, China, Japan, Türkei, Afghanistan, Indien, Italien, Deutschland, Kanada . . .
Natürlich ist auch Frankreich vertreten, mit Rezepten aus verschiedenen Landschaften, manche davon bekannt, andere nicht; viele davon stehen in keinem Kochbuch, denn es handelt sich um die einfachen Gerichte provenzalischer, korsischer oder bretonischer Bauern.
Und schließlich enthält es auch ›Klassiker‹ wie das Sauerkraut, das Couscous oder das Cassoulet, nach vegetarischen Grundsätzen abgewandelt.
Ob ganz einfach oder höchst kompliziert, scharf oder süß, zuckrig oder salzig, die Rezepte in diesem Buch bergen manche Überraschungen, aber immer angenehme. Die Gerichte sind stets appetitlich anzusehen, ein Vergnügen zu essen und . . . zuzubereiten.

Viele davon verdanken wir Indien, dem einzigen Land, in dem die vegetarische Ernährung nicht für zweitrangig, ›abnormal‹ oder weniger wichtig erklärt wird, sondern wo sie im Gegenteil ein höheres Ansehen genießt. Im Laufe der Jahrhunderte hat sich dort eine außerordentlich raffinierte Kochkunst entwickelt, die auch die verwöhnteste Zunge befriedigt. Und sie stützt sich auf ernährungswissenschaftliche Erkenntnisse, denen wir im Westen nichts Gleichwertiges entgegenzusetzen haben.
›Der Mensch ist, was er ißt‹, könnte als oberster Grundsatz der indischen Ernährungslehre gelten. Im traditionellen Indien unterscheidet man zwischen Lebensmitteln, die zur Trägheit und Besitzgier beitragen (tamas), solchen, die Mut und Leidenschaft erzeugen (rajas), und solchen, die der Tugend und dem spirituellen Leben förderlich sind (sattva) . . . Aber wir wollen hier nicht in Einzelheiten gehen, es schien uns nur wichtig, die vegetarische Küche besonders herauszustellen, die – im Gegensatz zu unserer, welche noch im Experimentierstadium ist – über Generationen hinweg eine erprobte und vervollkommnete Lebenshaltung darstellt.

Dies ist kein Handbuch für eine bestimmte Diät

Bei den Vegetariern gibt es, wie überall, viele Unterschiede und Widersprüchlichkeiten innerhalb der einzelnen ›Schulen‹: Die eine verbietet Zucker, die andere Milchprodukte, eine dritte befürwortet fast ausschließlich Gerichte mit Zerealien . . . Der interessierte Leser möge sich die entsprechende Fachliteratur besorgen.
Die Rezepte, die Sie hier finden, wurden nur nach einem einzigen Kriterium zusammengestellt: Sie müssen schmecken, um

- anderen Vegetariern zu zeigen, wie sie ihre Mahlzeiten abwechslungsreicher gestalten können;
- dem das Gegenteil zu beweisen, der bezweifelt, daß man Vegetarier und Feinschmecker zugleich sein kann;
- denen, die den Verbrauch an Fleisch einschränken möchten, die aber nicht genügend Ideen für Gerichte ohne Fleisch haben, zu helfen, sowohl Speisen ›ohne‹ als auch Speisen ›mit‹ zu genießen.

Um die Rezepte für eine größere Anzahl von Menschen interessant zu machen, haben wir keine Verbote ausgesprochen: Es steht jedem frei, Vollkornmehl statt weißem Mehl zu verwenden, Butter durch ein Pflanzenfett zu ersetzen, Öl seiner Wahl zu nehmen . . .
Allerdings, Eier kommen in diesem Buch nicht vor – obwohl viele Vegetarier sie essen. Es ist jedoch für ›strenge‹ Vegetarier stets

schwierig, Rezepte für Kuchen, Süßspeisen, Saucen oder Suppen zu finden, die keine Eier enthalten. Deshalb haben wir uns entschlossen, sie hier wegzulassen.
Ein Rezept ist nur eine Anregung, ein Ausgangspunkt. Der gute Koch, wie jeder andere Künstler, bildet sich seine eigene Meinung, nachdem er ein Rezept einmal befolgt hat. Dann wandelt er es nach seinen Vorstellungen und Ideen ab . . .

Über vegetarische Ernährung

Ist Fleisch notwendig? Oder: Kann ein Vegetarier gesund leben? Die Erfahrung zeigt, er kann.[1]
Ein gängiges Vorurteil gegen vegetarische Ernährung ist, daß das Fehlen von Fleisch einen schweren Proteinmangel bewirke. Aber der Vegetarier bezieht seine Proteine von anderen Quellen: Vor allem Sojabohnen, aber auch Kichererbsen enthalten große Mengen davon. Der Buchweizen liefert Aminosäuren, die man nur im Fleisch zu finden glaubte.
›Auf verschiedenen ernährungswissenschaftlichen Kongressen wurde bewiesen, daß der biologische Wert der Proteine, die in grünem Gemüse und in unbehandelten Zerealien enthalten sind, zusammenaddiert denjenigen tierischen Ursprungs weit überlegen ist . . .‹, schreibt A. Passebecq.[2]

Was ißt ein Vegetarier?

- Zerealien, vorzugsweise, aber nicht ausschließlich Vollkornprodukte: Weizen, Reis, Hirse, Gerste, Mais etc.;
- frisches Gemüse, Salate;
- Hülsenfrüchte: Bohnen, Linsen, Sojabohnen;
- frische und getrocknete Früchte;
- Milchprodukte: Milch, Dickmilch, Joghurt, Butter, Käse;
- Pflanzenöle: Oliven-, Mais-, Erdnuß-, Sonnenblumen-, Nußöl etc.;
- Zucker, Honig, Kuchen, Süßigkeiten;
- aromatische Kräuter und Gewürze;
- Extrakte aus natürlichen Nahrungsmitteln, die verstärkt nahrhafte und kräftigende Elemente enthalten: Hefe, Weizenkeime, Pollen etc.;
- eventuell Eier.

[1] Viele Tests haben gezeigt, daß Vegetarier eine größere Widerstandsfähigkeit gegen Müdigkeit, mehr Kraft und Ausdauer besitzen . . .
Die Mormonen in den USA, die wenig Fleisch, aber viele Früchte und Zerealien essen, leben besser und länger als die Mehrheit ihrer Mitbürger. An Krebs sterben im Vergleich zur übrigen Bevölkerung nur die Hälfte.
[2] A. Passebecq, *L'Alimentation de santé*

Der Mensch ist von der Natur nicht als Fleischesser vorgesehen. Seine Anatomie und sein Verdauungssystem weisen ihn als Pflanzenesser aus. Sie erinnern daran, daß die Ernährung von Früchten, Gemüsen und Zerealien über Millionen Jahre hinweg die Entwicklung der sehr langen Därme – geeignet zur gemächlichen Verdauung von Pflanzen, die nur langsam zerfallen – bewirkt hat. Das Gebiß des Menschen ist zum Verzehr von Fleisch ungeeignet, ähnelt aber den Pflanzenessern . . .

Einige berühmte Vegetarier: Pythagoras, Plato, Sokrates, Ovid, Plutarch, Leonardo da Vinci, Tolstoj, Newton, Shakespeare, Jean-Jacques Rousseau, Voltaire, Wagner, Tagare, G. B. Shaw, Ghandi, Albert Schweitzer, Bob Dylan . . .

Warum Vegetarier sein?

Vegetarier kann man aus zahlreichen und ganz verschiedenen Gründen sein:

– *Aus gesundheitlichen Gründen:* Das Fleisch von Zuchttieren enthält häufig Hormone, Antibiotika, Chemikalien . . .
  Im Augenblick seines Todes stößt das Tier aus Angst und vor Schmerz eine große Menge Adrenalin, Harnsäure und Unrat aus, die sich in seinem Körper verteilen.
  Sobald sein Leben zu Ende ist, geht sein Fleisch in Zerfall über und sondert Giftstoffe (Ptomaine etc.) ab.
  Fleisch, Fisch und Eier haben eine Eigenschaft gemeinsam: Sie verwesen sehr schnell. Dazu kommt, daß das Fleisch meist erst eine oder zwei Wochen nach dem Schlachten zum Verkauf kommt und so gefährliches Gift in das Verdauungssystem bringt.
– *Für das Wohlbefinden:* Eine ausgewogene vegetarische Ernährung fördert die Entgiftung des Körpers. ›Aus Unwissenheit glauben manche, daß der Verzehr von blutigem Fleisch sie widerstandsfähiger gegen Müdigkeit und Krankheit mache.‹[1]
  In Wahrheit läßt sich jedoch anhand von Statistiken feststellen, daß in den großen Nationen, die viel Fleisch essen, mehr Menschen an Herzleiden oder Krebs erkranken.
  Das beste Nahrungsmittel für den Menschen ist nicht das Fleisch, das nur verbrauchte Lebenskraft und Gifte enthält; er braucht

[1] Naturopathie et yoga, M. S. Hamsananda Sarasvati (Albin Michel)

frische Früchte, ölhaltige und Milchprodukte, die noch die Kraft haben, zu keimen und zu wachsen, die deshalb vitale Kraft, Energie und die nötige Menge Proteine liefern können.
Einer der wichtigsten vegetarischen Grundsätze ist, lebendige, nicht tote Nahrung zu sich zu nehmen.

– *Aus wirtschaftlichen Gründen:*
  a) *im Haushalt.* Dieser Aspekt ist nicht unwichtig. Mit köstlichen, proteinreichen, original-vegetarischen Gerichten können Sie Ihre Ausgaben für Lebensmittel um die Hälfte verringern.
  b) *in der Weltwirtschaft:* Der wachsende Fleischkonsum in den reichen Ländern wirkt sich unmittelbar auf das Ernährungsgleichgewicht der Welt aus, nämlich dadurch, daß enorme Getreidemengen für die Viehaufzucht verschwendet werden.

  Wir verbrauchen – die Aufzucht von Tieren mitgerechnet – pro Person und Jahr 1000 kg Getreide, wogegen der Rest der Welt im Durchschnitt mit 180 kg auskommt. Der Verzehr von Fleisch ist eine politische Aktion, der dazu beiträgt, daß die Getreidepreise immer weiter steigen. ›Mit dem Korn der Armen die Kühe der Reichen zu füttern‹ (Max Milner, UNO), vergrößert das Elend und den Hunger in der dritten Welt . . .
– *Aus ethischen Gründen:* Das künstlich beschleunigte Wachstum der Kälber, des Geflügels, das Stopfen der Gänse, das Leiden so vieler getöteter Tiere, die Schlachthausatmosphäre hält manche Menschen davon ab, an der Gewalt gegen Tiere teilzuhaben.

  Nun kann man natürlich einwenden, daß Pflanzen ebenfalls lebende Organismen sind, die Schmerz spüren – neueste Experimente haben das bewiesen. Aber wenn schon gewisse Formen der Zerstörung nicht vermeidbar sind, dann sollte man als Lebensmittel doch solche Organismen auswählen, bei denen das Bewußtsein am schwächsten entwickelt ist.
– *Aus religiösen Gründen:* Zahlreiche Religionen haben den Fleischkonsum eingeschränkt oder verboten, sie erkennen den heiligen Charakter allen Lebens an und lehnen es ab, Leid hervorzurufen, nur um dem Gaumen zu schmeicheln. Diejenigen, die an eine Wiedergeburt glauben, haben nicht das Recht, ›die natürliche Entwicklung‹ zu unterbrechen.
– *Als spirituelle Technik:* Weise und Mystiker haben zu allen Zeiten Ernährungsvorschriften empfohlen, die den Körper reinigen, die Gesundheit verbessern, die Leidenschaften kontrollieren, mehr oder weniger verdeckte Fähigkeiten wecken und die spirituelle

Wahrnehmung erweitern sollten. Zu denjenigen Gruppen, die dafür vegetarische Ernährung praktizieren, gehören die Benediktiner, die Trappisten, die Hindus, die Buddhisten, die Theosophen, die Jinisten, die Taoisten . . .
Die Yogalehre besagt, daß zwischen der Natur der verzehrten Nahrungsmittel und den Gedanken und Gefühlen eines Menschen eine direkte Beziehung besteht: Der Genuß von Fleisch verstärkt die Aggressivität und fördert tierische Instinkte.

- *Aus Ekel vor Fleisch:* Mag er dauerhaft oder zeitlich beschränkt sein. Viele Menschen zwingen sich – sei es aus Gewohnheit, sei es der Einfluß ihrer Umwelt oder althergebrachte Ideen – etwas zu essen, was ihnen nicht schmeckt. Kinder haben oft eine Aversion gegen Fleisch.
- *Aus Lust* . . . und das ist die Absicht dieses Buches, das sich nicht allein an Vegetarier wendet, sondern auch an alle diejenigen, die gute Dinge zu schätzen wissen . . .

Weder Masochismus noch Frustration

Mit dem Fleisch muß ein Vegetarier auch seine Sehnsucht danach aufgeben.
Jeder, der vegetarisch leben will, muß zwei Bedingungen erfüllen: Er muß von der Notwendigkeit überzeugt sein und – vor allem – seine Wahl aus tiefstem Herzen akzeptieren.
Im allgemeinen gilt: Der Geschmack an Fleisch verliert sich schneller als die Lust danach. Gerade am Anfang ist es deshalb besser, sich gelegentlich eine Ausnahme zu gönnen, als sich vor Sehnsucht nach einer Wurst oder einem Brathähnchen zu verzehren . . .
Zu viele Vegetarier haben eine masochistische Einstellung zum Fleisch, sie lehnen es ab, sind aber gleichzeitig davon angezogen. Obwohl ich selbst seit mehreren Jahren vegetarisch lebe, glaube ich immer noch, daß es besser ist, mit Appetit Fleisch zu essen als ein unglücklicher, frustrierter Vegetarier, ein Gefangener dogmatischer Ernährungsregeln zu sein . . .
Vegetarismus ist keine Religion, auch wenn zahlreiche Menschen glauben, daß es von religiöser Überzeugung nicht zu trennen ist. Selbst wenn durch vegetarische Ernährung bestimmte spirituelle Absichten verfolgt werden – erinnern wir uns, eine Diät ist niemals mehr als ein Weg, nicht das Ziel selbst. Sie ist eine ›Krücke‹ unter vielen, eine Technik, die die Harmonie, die innere Erweiterung begünstigt – aber sie ist nicht die Bedingung *sine qua non.*

Wichtig ist die geistige Einstellung zur Ernährung und darüber hinaus die Natur der Gedanken und Gefühle für diejenigen, die sie teilen, und derjenigen, die sie zubereiten.

Vom Einfluß der Stimmung auf die Nahrung

Eine positive Geisteshaltung fördert den günstigen Einfluß einer Mahlzeit auf unsere Gesundheit, unseren Charakter, unsere Ziele, unsere Beziehung zu den anderen. In einem seiner Bücher[1] schreibt M. S. Hamsananda Sarasvati zu diesem Thema:

> Gedanken der Angst, der Eifersucht, des Zorns, der Rache, des Hasses provozieren die Freisetzung *negativer Hormone*, die den Organismus vergiften. Sie hindern die Verdauung und bewirken, daß Lebensmittel krank machen.
> Umgekehrt dienen *positive Hormone*, erzeugt unter dem Einfluß von Gefühlen wie Freude, Liebe, Dankbarkeit, als wohltätige Katalysatoren bei der biochemischen Umwandlung der Nahrung.
> Die Krankheit wie die Gesundheit stehen also in direkter Beziehung zu unserem jeweiligen psychologischen Zustand . . .
> Diese Tatsache machen sich auch die Lehrer sämtlicher Religionen zunutze, die empfehlen, sich auf das Werk der Umwandlung glücklich vorzubereiten, in Liebe seiner Mitmenschen zu gedenken, und Gott zu bitten, die Nahrungsmittel zu segnen, bevor man die Mahlzeit zu sich nimmt.

Während der Mahlzeit: Für ruhige, harmonische Stimmung sorgen, nicht über den Sorgen brüten, beruflichen oder anderen Ärger beiseite schieben. Lassen Sie sich nicht auf lebhafte oder heftige Diskussionen ein. Zeigen Sie gute Laune und gelassene Heiterkeit. Essen Sie ohne Hast, und kauen Sie alles gut, um die Aufnahme der vitalen Energie, die in den Lebensmitteln enthalten ist, zu begünstigen.
Nach der Mahlzeit: ›Alles, was man verzehrt hat, vergessen und an etwas anderes als Ernährung denken.‹[2]

[1] Naturopathie et yoga
[2] L'Alimentation de santé

Bei einem glücklichen Koch schmeckt es besser

Es grenzt an Magie: Wohlwollende Gedanken beim Kochen einer Speise übertragen sich direkt auf denjenigen, der diese Speise ißt. Wir bemerken es sofort, sind uns aber nur selten dieser Wirkung bewußt, denn gewöhnlich glauben wir, unser erhöhtes Wohlbefinden sei das Ergebnis des Geschmacks einer Speise, und dabei liegt in Wirklichkeit das ganze Geheimnis in der geistigen Einstellung des Kochs . . . Wer hat nicht die Erfahrung gemacht, daß ein von der Mutter, von einer alten Tante oder von einem lieben Freund zubereitetes Essen unnachahmbar ist, daß es sich von ähnlichen Zubereitungen völlig unterscheidet? Umgekehrt erleben wir ein undefinierbares Gefühl des Unwohlseins, wenn wir etwas essen, das gleichgültig, mit wenig Sorgfalt, mit einem Gefühl von Feindschaft oder Zorn zubereitet wurde . . .

Es ist kein Zufall, daß unsere ganze Generation nostalgisch von ›altmodischen‹, hausgemachten Speisen schwärmt – eine Nostalgie, die von der Werbung geschickt ausgenützt wird: Sie bindet um Joghurtbecher und Marmeladengläser karierte Schürzchen, die Erinnerungen an unsere Kindheit wachrufen.

Gewiß, unsere Großmütter verbrachten mehr Zeit vor dem Küchenherd als die Frauen von heute, und sie kannten deshalb auch die vielen ›kleinen Geheimnisse‹, die eine gute Küche ausmachen. Vor allem aber machten sie Gebrauch von einer Zutat, die in unserer Zeit selten ist: die Liebe.

Die Liebe zu einer gut gemachten Sache, das Bewußtsein, ein Kunstwerk und einen heiligen Akt zu vollbringen, und vor allem die Liebe zu denen, für die man kocht, der Wunsch, sie glücklich machen zu wollen, zu sehen, wie sie es sich schmecken lassen . . .

Solch eine Liebe findet man nicht in den Joghurtbechern, nicht in industriell gefertigten Speisen und auch nicht bei den Frauen, die das Kochen als eine degradierende Plackerei ansehen.

Diese Liebe gibt es aber noch bei den Bauern in unseren Provinzen, in der Intimität der indischen Familien, in den Zelten der Nomaden des Mittleren Orients, man spürt sie im Lachen afrikanischer Matronen, bei all denjenigen, deren Speisen immer mehr in Mode kommen: Denn unbewußt suchen wir darin mehr als ein neues Geschmackserlebnis, wir suchen menschliche Wärme, die bei uns immer seltener wird.

Le Mandarom — Mireille Ballero

Über die Gewürze

Die meisten Gewürze[1], die in diesem Buch erwähnt werden, kann man überall kaufen, einige wie frischer Ingwer, Tamarinde, Schwarzkümmel oder Senfkörner sind schwieriger aufzutreiben . . . Andere wie Mangopulver oder Curryblätter sind bei uns praktisch nicht erhältlich. Aus diesem Grund haben wir die Zahl der Rezepte, die solche Gewürze fordern, begrenzt oder in Klammern mögliche, manchmal sogar wünschenswerte Alternativen angegeben . . .

Wenn immer Sie im Ausland sind oder wenn ihre Freunde reisen, denken Sie daran, sich Gewürze aus den Ursprungsländern (Nordafrika, Spanien, Mittlerer Orient, Indien, Südamerika) mitzubringen oder mitbringen zu lassen. Auch in unseren Nachbarländern werden manche Gewürze häufiger gebraucht und sind deshalb billiger. Generell gilt: Kaufen Sie die Gewürze ganz, mahlen Sie sie erst zu Hause. Dafür genügen eine elektrische Kaffeemühle – die ausschließlich als Gewürzmühle verwendet wird – und ein Sieb. Kurzes Rösten in einer Pfanne oder im Ofen (letzteres ist schonender), macht manche Gewürze aromatischer, dazu gehören Koriander und Bockshornklee. Der Unterschied zwischen einem frisch gemahlenen Gewürz und einem in Pulverform gekauften ist enorm (es sei denn, Ihr Lieferant mahlt es selbst). Zudem haben Sie die Gewißheit, das unverfälschte Produkt zu erhalten, denn manche fertiggekauften Pulver sind in Wirklichkeit Mischungen: z. B. wird Zimt häufig mit dem billigeren Kassia vermengt, schwarzer Pfeffer enthält manchmal zerstoßene Dattelsteine . . .

Grundsätzlich gibt es drei Methoden, Gewürze zu verwenden:

- So wie sie sind, ganz oder gemahlen, im Kochwasser von Gemüse und Zerealien, mit Saucen und Marinaden, im Kuchenteig. Diese Methode wird bei uns am häufigsten angewandt.
- Indem man sie zuvor in Butter, Öl oder Pflanzenfett anröstet. Sobald das Aroma frei wird, gibt man die zu kochenden Lebensmittel in die Mischung. Diese Methode empfiehlt sich für Pulaos und bestimmte Currygerichte.

[1] Gewürze: ›Stoffe, die den Speisen zur Verbesserung des Geschmacks zugesetzt werden.‹

– Indem man sie wie oben anröstet, sie dann aber einer schon gekochten Speise zufügt (z. B. Hülsenfrüchten).

Wir wollen hier noch eine vierte Methode empfehlen, die wir für eine gute Angewohnheit halten: In Indien bietet man nach dem Essen häufig Gewürze – Gewürznelken, Anissamen, Kardamom, Arecanuß – zum Kauen an. Sie machen einen guten Atem, erfrischen den durch scharfe Speisen erhitzten Gaumen und fördern die Verdauung.
Es ist immer nützlich, einige Gewürze mit sich herumzutragen, vor allem, wenn Sie im Freien sind und womöglich rohe Zwiebeln essen . . . Gewürze nehmen weniger Platz weg als Zahnpasta.

Nicht jedes aromatische Kraut paßt zu jedem Gericht. Und man sollte auch wissen, welches Gewürz welche Speise ganz besonders gut ergänzt. Indien, wo seit Jahrhunderten delikate und wirksame Mischungen überliefert werden, soll uns auch hier Richtschnur sein. Keiner verbietet Ihnen, etwas Neues auszuprobieren, aber man improvisiert so viel besser, wenn man weiß, daß irgendein Gewürz nicht zufällig zu irgendeinem Gemüse gehört, sondern daß es eine sowohl würzende als auch medizinische Funktion hat . . . Tatsächlich besitzen alle Gewürze auch eine therapeutische Wirkung.

In diesem Sinne folgt hier eine kurze Beschreibung aller ›exotischen‹ Gewürze, die in den Rezepten erwähnt werden. Es wird erklärt, was sie sind (Samen, Blüte, Frucht, Schale oder Wurzel), woher sie kommen, wo man sie findet, wie man sie verwendet und was ihre typischen Eigenschaften sind.

Anis

Anis stammt ursprünglich aus dem Vorderen Orient, er wird heute seines Samens wegen in Nordafrika, Mitteleuropa und Indien angebaut.
Anis ist ein viel benutztes und billiges Gewürz. Man aromatisiert damit Backwerk (Biskuit, Pfefferkuchen), Kompotte (Feigen), gewisse Salate und Meeresfrüchte, Eßkastanien. Anis wirkt verdauungsfördernd und macht einen angenehmen Atem. Deshalb gehört er zu den Gewürzen, die man in Indien nach dem Essen kaut. In

Frankreich findet er hauptsächlich in der Alkoholindustrie (Pastis, Anisette) Verwendung.

Asafoetida

Asafoetida (Stinkasant, Teufelsdreck) ist ein Harz, das wie schlechter Knoblauch und Schwefel riecht. Man erhält es, wenn man die Stengel von bestimmten Fenchelsorten abschneidet: Der dabei austretende Saft wird nach dem Trocknen harzähnlich fest.
Man sollte Asafoetida wegen seines gräßlichen Geruchs nicht aus der Küche verbannen. In winzigen Mengen benutzt, gibt es Gemüse und Linsen ein köstliches Aroma. In Indien spielt es in der vegetarischen Küche eine große Rolle. Bei uns ist es – leider – nur selten aufzutreiben. Man findet es gelegentlich in Indien-Läden in Stücke gepreßt oder, was günstiger ist, in Pulverform. Einige Drogerien und Apotheken führen es ebenfalls. Es soll krampfstillend und menstruationsfördernd wirken. Achtung: Stets in Metalldosen oder in gut schließenden Flaschen aufbewahren, damit sein Geruch sich nicht in Ihrer Küche verbreitet.

Bockshornklee

Bockshornklee (Griechisches Heu, von seinem lateinischen Namen ›Fenum graecuum‹) stammt aus der Erbsenfamilie (Leguminosen) und ist in den Mittelmeerländern heimisch. Seine beigegelben Samen haben ein charakteristisches Aroma und schmecken leicht bitter. Bockshornklee ist ein Bestandteil des in Europa hergestellten Currypulvers. Bockshornklee soll Blähungen verhindern, in großen Mengen gegessen soll er dick machen.
Man benutzt die Samen ganz oder – nach leichtem Anrösten, was ihr Aroma verstärkt – gemahlen.
In Asien werden die Blätter als Gemüse gegessen.

Curcuma

Curcuma (Gelbwurz) gibt es als schönes kräftig gelbes, manchmal leicht orangefarbenes Pulver zu kaufen. Die Pflanze stammt aus

Südostasien (Indien, Vietnam, China). Seine Wurzeln, die ein wenig an Ingwer erinnern, aber runder und auch innen gelb sind, werden vor dem Mahlen erst gekocht und in der Sonne getrocknet.
Man benutzt Curcuma stets gemahlen, färbt damit Reis, Gemüse, Pâtés und manche Nachspeisen.
Fertiggekauftes Currypulver erhält sein charakteristisches Aroma zum größten Teil (70 Prozent) von Curcuma; viel zuviel für Kenner, die daran sofort feststellen, daß es sich eben nicht um ein echtes indisches Curry handelt.
Curcuma wird irrtümlich auch ›indischer Safran‹ genannt. Aber es hat mit Safran nichts gemein, außer daß beide gut färben. Im Geschmack unterscheiden sie sich völlig, und man sollte nie das eine durch das andere ersetzen. Curcuma regt die Leberfunktion an und hilft bei Magenbeschwerden. In Indien verordnet man es bei Gelbsucht, Nierenschwierigkeiten und bei manchen Hautausschlägen.

Curry

Curry ist eine Gewürzmischung, die als gelbes Pulver verkauft wird, in der das Curcumaaroma dominiert und von der man annimmt, daß sie in der indischen Küche häufig Verwendung findet. Darüber hinaus bezeichnet man alle Gerichte, die damit gewürzt wurden, mit demselben Namen, obwohl sie mit einem authentischen indischen Curry nichts gemeinsam haben.
Curry stammt von dem Tamilwort ›kari‹, das Sauce bedeutet und für eine Vielzahl von Speisen mit einer scharfen Sauce verwendet wird. Die Gewürzmischung, die jeder dieser Saucen ihren Geschmack gibt, ist jeweils verschieden und hängt davon ab, ob es sich um dieses oder jenes Gemüse, Fleisch, Geflügel oder Fisch handelt. Gewürznelken, Ingwer, Zimt, Kreuzkümmel, Koriander, Curcuma, Muskat, Bockshornklee, Senfkörner, Pfeffer, getrocknete oder frische Chilischoten, Mohnsamen und frische Curryblätter sind die Gewürze, aus denen die meisten Currys hergestellt werden, wobei die Anzahl der Gewürze und die Proportionen in den verschiedenen Regionen und von einer Kaste zur anderen unterschiedlich sind. Jeder hat seine eigene Tradition. Deshalb existiert auch kein ›Currypulver‹, das zu allen Gerichten paßt. Die Mischung, an die wir uns hier gewöhnt haben, wurde für die Europäer erfunden. Man kann sie

nach unseren Gewohnheiten in Saucen und Salaten benutzen, aber verwenden Sie sie nicht in indischen Rezepten.
Für ein indisches Curry gebraucht man die Gewürze entweder in Pulver- oder Pastenform:

- Pulver: Die Gewürze werden erst angeröstet, dann gemahlen. Eine einfache Mischung ist zum Beispiel das ›Garam Masala‹, für dessen Herstellung wir zwei Rezepte angegeben haben: Es gehört nicht zu einem einzigen Gericht, sondern paßt zu verschiedenen Speisen, ist dabei nur ein Gewürz unter vielen. Sie finden außerdem auch ein Rezept für ›Currypulver‹ zum Selbstmachen, und zwar eines, das besonders gut zu vegetarischen Gerichten paßt.
- Paste: Die verschiedenen Gewürze, Samen, Ingwer, frische Chilischoten, zu denen auch noch Zwiebel und Knoblauch kommen können, werden im Mörser zerstoßen, um eine Currypaste zu erhalten.

Curryblätter sind die Blätter eines kleinen Bäumchens, der zur gleichen Familie wie die Zitrone gehört. In Südindien ist er fast überall zu finden. Für die typischen Gerichte dieser Gegend sind Curryblätter unentbehrlich, da sie ihnen ihr charakteristisches Aroma verleihen. Getrocknet kann man sie gelegentlich in Spezialgeschäften finden, frisch erhält man sie bei uns praktisch nirgendwo.

Dill

Dill ist wie Fenchel, Kreuzkümmel, Kümmel und Anis ein Doldenblütler.
In Europa ist er seit dem Mittelalter bekannt, wächst wie Unkraut in den Mittelmeerländern, wird aber vor allem in Nordeuropa (Deutschland, Rußland, Skandinavien) verwendet. Man benutzt seine Blätter und vor allem die Samen, deren ein wenig bitteres Aroma an Kümmel erinnert. Er ist das klassische Gewürz für Gurken – vor allem, wenn sie mit Sahne oder Joghurt angemacht werden – und für Zucchinisalat.
Würzen Sie Bohnen und Linsen mit Dill, denn er hilft gegen Blähungen. Dill wirkt krampfstillend und beruhigend, er wird empfohlen bei Schluckauf und gegen Erbrechen. Als Tee: 1 Kaffee-

löffel Dillsamen auf 1 Tasse kochendes Wasser, zwei- bis dreimal täglich trinken.

Fenchel

Fenchel gehört zu den Doldenblütlern und wird in Europa, Amerika und Asien angebaut. Er enthält dasselbe ätherische Öl wie Anis, das ihm einen ähnlichen Geschmack gibt, allerdings ist er ein wenig bitterer.
Die Knolle einiger Fenchelarten ißt man roh als Salat oder gekocht. Die Blätter benutzt man wie ein Kraut: Gehackt streut man sie über Oliven, Gurken oder Bohnen. Die Samen aromatisieren verschiedene Saucen, Salate, Suppen, Eßkastanien, Gemüseragouts . . .
Die Knolle wirkt harntreibend, die Samen stimulieren den ganzen Verdauungsapparat. Schließlich soll Fenchel auch für Schlankheitskuren geeignet sein.

Gewürznelke

Die Gewürznelke stammt ursprünglich aus Asien und wird heute auf mehreren tropischen Inseln angebaut (Madagaskar, Sansibar), denn sie gedeiht nur in Seenähe. Die roten Blüten des Nelkenbaums werden schon als Knospen gepflückt und in der Sonne getrocknet, wobei sie sich schwarzbraun verfärben. Das charakteristische Nelkenaroma beruht auf einem antiseptischen Öl, das die meisten von uns an den Zahnarzt erinnern, nordafrikanische Frauen schätzen es als Parfüm.
Es hilft nicht nur bei Zahn-, sondern auch bei Kopfschmerzen. Gewürznelken sollen magen- und darmstärkend wirken. Sie aktivieren die Verdauungssäfte. Bei schweren Gerichten wie Linsen, Kartoffeln, Ragout, Pot-au-feu besteckt man eine Zwiebel mit einer Gewürznelke. Eine zerstoßene Gewürznelke aromatisiert vegetarische Pâtés, Gemüseküchlein, Möhren . . . Sie gehört auch in manche Kuchen, in Kompott und in Indien in verschiedene Curryzubereitungen, gewöhnlich vermischt mit Zimt und Kardamom.
Wenn man Gewürznelkenpulver benötigt, ist es wiederum besser, sie selbst nach Bedarf zu mahlen – mahlen Sie nicht zuviel, denn beim Aufbewahren verflüchtigt sich das Aroma, und nehmen Sie

nicht zuviel, sein starker Geschmack läßt es schnell aufdringlich wirken.
Wenn Sie im Sommer auf dem Land sind, schmücken Sie Ihren Tisch mit einer Orange, die Sie rundherum mit Gewürznelken bestecken, das soll Stechmücken fernhalten.

Glutamat

Glutamat ist kein Gewürz, sondern ein Salz, das auf chemischem Wege aus pflanzlichen Rohstoffen (Weizen, Zuckerrüben etc.) hergestellt wird. Es salzt wenig, intensiviert aber den Eigengeschmack der Lebensmittel. Chinesen und Japaner nützen diese Fähigkeit in ihrer Küche aus. Man kann es auf Rohkost, Suppen und Gemüse streuen, soll jedoch nicht übertreiben: Man glaubt, daß es bei dauernder Verwendung Leberschäden hervorrufen kann und daß es die intellektuellen Fähigkeiten verringert.

Ingwer

Ingwer wächst in Afrika und im Orient. Seine Wurzel wird als Gewürz verwendet.
Frisch findet man sie in asiatischen Spezialgeschäften und in Feinkostläden. Sie muß fest und glatt sein, alte Wurzeln, die faltig, weich und ausgetrocknet aussehen, liegen lassen. In der indischen, chinesischen und vietnamesischen Küche wird Ingwer sehr häufig benutzt. In diesen Ländern sind die Wurzeln auch als kandierte Scheibchen oder Stückchen erhältlich.
Gemahlener Ingwer findet in der europäischen Küche vor allem in bestimmten Saucen, Salaten, Likören und in Gebäck Verwendung (Kuchen und Biskuits in England, Holland, Deutschland). Man kann das Pulver auch auf Salate oder frische Früchte stäuben. Sein Gebrauch empfiehlt sich bei salzloser Diät. Wählen Sie stets eine sehr gute Qualität, oder – um ganz sicher zu gehen – mahlen Sie die getrockneten Wurzeln selbst. Ingwer hilft bei Erkältungen, wirkt fiebersenkend und schweißtreibend. Gegen Halsschmerzen Zitronensaft mit Honig und frischem, geriebenem Ingwer trinken. Bei Heiserkeit mit konzentriertem Ingwersud gurgeln.

Kardamom

Kardamom wächst wild in den gleichnamigen Hügeln in Südindien. Heute wird er in vielen tropischen Regionen angebaut. Seine kleinen Samenkapseln haben eine hellgrüne Farbe (manchmal sind sie gebleicht); sie umhüllen schwarze oder braune Samen, die ein starkes – aber nicht scharfes –, sehr erfrischendes Aroma haben. Die Stengel, die die Samenkapseln tragen, entwickeln sich am Fuß der Pflanze, knapp über dem Boden: Das macht die Ernte schwierig und das Gewürz ziemlich teuer.
In Frankreich ist Kardamom relativ unbekannt, in Deutschland, Rußland und den skandinavischen Ländern wird er häufiger verwendet, in Kuchen und Gebäck, in Likören. Im Mittleren Orient und in Indien gehört er zu Reis- und Gemüsegerichten. Man gibt die ganze Kapsel hinein oder öffnet sie, damit das Aroma der Samen besser zur Geltung kommt. In gezuckerten Speisen (Halvah, Milchreis und Cremes) benutzt man ihn häufig gemahlen. Man kann ihn leicht selbst zerkleinern.
Man kann mit Kardamom Getränke aromatisieren: Am Himalaja trinkt man gewürzten Tee, die Beduinen lieben Kardamomkaffee, er paßt zu heißer oder kalter Milch (mit 1 oder 2 Kapseln zusammen aufkochen).
Außer in orientalischen Spezialgeschäften findet man Kardamom in vielen Supermärkten. Als Allheilmittel bei Darmkrankheiten unterstützt er die Arbeit des Magens, empfiehlt sich deshalb auch bei Verdauungsproblemen. Um über längere Zeit hinweg einen angenehmen Atem zu haben, kaut man Kardamomsamen. Man kann auch einen Tee daraus bereiten: 30 g pro Liter. Er hilft bei Nervosität und Herzbeschwerden.

Koriander

Koriander wird in Europa, China, Indien und Südamerika seit Jahrhunderten verwendet – und zwar als Gewürz wie als Medizin. Frisch ist er sehr reich an Vitamin C. Gelegentlich wird er in China- oder Vietnam-Läden unter der Bezeichnung ›Chinesische Petersilie‹ verkauft. Aber er ist einfach selbst anzubauen (Blumenkasten), und damit immer zur Hand. Man streut ihn kleingehackt über viele Gerichte. Er gibt Curry und Chutney ein unverwechselbares Aroma, das durch nichts zu ersetzen ist.

Seine kugelförmigen Samen von der Größe eines Pfefferkorns werden in allen Supermärkten verkauft. Man verwendet Koriander beim Backen (Pfefferkuchen), aber auch in verschiedenen Likören. Man kann damit Salate, vegetarische Pâtés, Saucen, Marinaden, Cornichons und Artischocken, Champignons oder andere Gemüse à la grecque würzen.
Gemahlen verwendet man ihn mit Reis, Currygerichten, Gemüse etc. Er hält sich nicht lange frisch, deshalb sollte man ihn – zuvor leicht angeröstet – am besten selbst mahlen. Achtung: Koriandersamen oder gemahlener Koriander können frische Korianderblätter nicht ersetzen. Sie haben ein völlig unterschiedliches Aroma.
Koriander gilt als wirksames Mittel bei Magen- und Darmbeschwerden sowie bei Verdauungsproblemen. Als Tee (1 bis 2 Kaffeelöffel auf 1 Tasse kochendes Wasser, 10 Minuten ziehen lassen) hat er nach einem guten Essen eine anregende Wirkung.

Kreuzkümmel

Kreuzkümmel, ein Doldengewächs, wird im Mittelmeerraum, im Mittleren Orient, in Indien und Amerika angebaut.
Man kann ihn in den meisten Geschäften kaufen, als Samen oder gemahlen. Er verbessert das Aroma mancher Brotsorten, von Kuchen, Frischkäse, Käse, Bohnen und Sauerkraut . . . Er gehört in das marokkanische Couscous, in südamerikanische Spezialitäten und in viele Currygerichte.
Wie Anis, Fenchel und Kümmel wirkt er anregend, harntreibend und verdauungsfördernd. Er wird oft mit Kümmel verwechselt, obwohl er ein ganz anderes Aroma hat, das dazu neigt, hervorzuschmecken.

Kümmel

Kümmel, auch Feld- oder Wiesenkümmel genannt, wächst in Europa, Nordafrika und in den USA.
In manchen Ländern ißt man seine Wurzeln als Gemüse und verwendet die jungen Blättchen wie Petersilie. Aber angebaut wird er seines Samens wegen, der als Gewürz vor allem in Deutschland und Österreich sehr beliebt ist (Brot, Gebäck, Käse, Sauerkraut,

Likör). Sein beißendes Aroma, scharf und süß zugleich, verbindet sich gut mit kräftigem Käse (Münster), paßt aber auch zu Joghurt, Quark und Krautsalat.
In indischen Curry- und Linsengerichten wird er seltener benutzt als der Kreuzkümmel. Wer dessen dominierendes Aroma jedoch nicht mag, kann ihn durch den diskreteren Kümmel ersetzen. Kümmel ist eine ausgezeichnete Medizin bei Aerophagie, denn er befreit den Magen von Gasen.

Mohn

Mohn stammt aus dem Mittleren Orient und wird heute in Asien, in den Balkanländern und in Deutschland angebaut.
Mohn ist für seine schmerzlindernde und schlaffördernde Wirkung wohlbekannt. Opium ist ein Extrakt aus den noch grünen Samen. Sind sie reif, enthalten sie keine narkotisch wirksamen Stoffe mehr und werden als Gewürz verwendet. In Deutschland sind Mohnkuchen sehr beliebt, aber man streut Mohnsamen auch auf Brote und Gebäckstücke, die dadurch ein raffiniertes, nußartiges Aroma erhalten. In Indien ist Mohn Bestandteil vieler Currygerichte, zum einen wegen seines delikaten Geschmacks, zum anderen, um die Sauce dicker und cremiger zu machen.
Aus Mohn wird auch ein Öl gepreßt, das beim Kochen verwendet werden kann.
Ob man helle oder blauschwarze Samen benutzt, ist gleichgültig, sie haben denselben Geschmack.

Muskat

Die Muskatnuß ist der Samenkern eines Baumes, der auf den Antillen, den Philippinen und den indonesischen Inseln heimisch ist. Die Verwendung dieses Gewürzes empfiehlt sich sehr, denn es hilft, Stärke und Fett besser zu verdauen. Man reibt Muskat auf Kartoffelkroketten und -pürees, auf Suppen, Spinat und Salate, weiße Saucen, Béchamelsauce und Käse. Er aromatisiert auch Pfefferkuchen, Cremes und Chutney.
Er hilft bei Rheuma und bei neuralgischen Zahnschmerzen. Er hat eine beruhigende, sogar leicht einschläfernde Wirkung. So gesund

er in kleinen Mengen ist, zuviel davon wirkt schädlich, ja giftig. Muskatblüte (auch Macis genannt) ist die getrocknete dünne rote Hülle, die die ›Nuß‹, den Samen umgibt. Ihr Aroma ist dem der Muskatnuß ähnlich, jedoch noch feiner. Man gebraucht sie beim Backen, in Saucen und Suppen. Sie ist sehr teuer und kann gewöhnlich durch geriebene Muskatnuß ersetzt werden.

Paprikapulver

Paprikapulver hat eine schöne orangerote Farbe. Es darf nicht mit Chilipulver verwechselt werden. Paprikapulver wird aus verschiedenen Paprikasorten hergestellt, meistens werden dafür die Samen entfernt und nur das getrocknete, weniger scharfe Fruchtfleisch gemahlen. Sein Geschmack ist für die ungarische Küche charakteristisch, deswegen wird es auch oft als ungarischer Paprika verkauft. Es paßt zu Gemüseeintöpfen, Kartoffeln, Mais, Frisch- oder Weißkäse, Tomatensaucen, Zerealien, Kraut etc.
Während man Chilipulver nur vorsichtig und in kleinen Mengen benutzt, kann man mit Paprikapulver ohne Furcht großzügig umgehen. Es enthält sehr viel Vitamin C.

Paprikaschoten

Paprikaschoten stammen ursprünglich aus Südamerika, vor allem Brasilien, wo sie schon in frühester Zeit angebaut wurden. Inzwischen werden sie in vielen warmen Ländern kultiviert. Es gibt sie in unterschiedlicher Form, Größe und Schärfe.
Alle Sorten enthalten viel Vitamin C, haben eine antispetische Wirkung, fördern die Verdauung und regen den Appetit an. Aus diesem Grund werden sie in heißen Ländern gern gegessen.
Grüne, gelbe, rote und orangefarbene Paprikaschoten werden als Salat oder gekocht als Gemüse verwendet.

Chilipfeffer ist eine Abart von Paprika und wird in fast allen heißen Ländern angebaut. Er wird getrocknet und ganz (Chilischoten) oder gemahlen (Chilipulver) verkauft. Man kann ihn leicht selbst zerstoßen oder mahlen.
In der ›exotischen‹ Küche wird er wesentlich häufiger verwendet als

bei uns. Wer nicht daran gewöhnt ist, muß Zurückhaltung üben: Chilipfeffer kann so scharf sein, daß er Blasen hervorruft oder schmerzhafte Schwellungen an Gaumen und Zunge verursacht.

Cayennepfeffer ist ein Verwandter des Chilipfeffers, der aus Cayenne stammt, aber nicht ganz so scharf ist.

Peperoni

Frische grüne Pfefferschoten (Peperoni) gehören in zahlreiche vietnamesische und indische Gerichte (Chutneys, Gemüse, Kartoffelkroketten, Zerealien). Trauen Sie nicht der grünen Farbe, die sie so erfrischend aussehen lassen . . . Sie sind häufig sehr scharf und Liebhabern stark gewürzter Speisen vorbehalten. Allerdings sind die Peperoni, die man auf unseren Märkten erhält, relativ mild: Deshalb sollten Sie die in den Rezepten angegebenen Mengen nur als Richtwert ansehen und sie entsprechend der Schärfe der Peperoni, die Sie kaufen konnten, variieren.
Wer Peperoni mag, gibt sie auf einen Teller und ißt sie, wie sie sind. In Scheibchen geschnitten und in Essig mazeriert, passen Peperoni sehr gut zu chinesischen oder vietnamesischen Gerichten.

Pfeffer

Pfeffer, den wir täglich in der Küche benutzen, wurde schon in grauer Vorzeit von Gewürzkarawanen importiert. Im Mittelalter wurden Genua und Venedig durch den Pfefferhandel reich . . . Er ist die Frucht einer Kletterpflanze, die in Indien und einigen afrikanischen Ländern beheimatet ist, und wird heute in Asien, Brasilien und Madagaskar angebaut.
Schwarzer Pfeffer wird kurz vor der Reife gepflückt. Bei weißem Pfeffer handelt es sich um dieselbe Frucht, sie ist lediglich voll ausgereift und von der äußeren Schale befreit. Schwarzer Pfeffer schmeckt aromatischer als weißer, dennoch wird der letztere für einige Gerichte bevorzugt verwendet, vor allem da, wo schwarzer Pfeffer unschön aussieht: in weißen oder Béchamelsaucen, Püree . . .

Pfeffer regt den Appetit und die Verdauung an, er fördert die Speichelbildung und aktiviert die Bauchspeicheldrüse. Man nimmt ihn gegen Blasen- und Nierensteine. Er besitzt eine kräftigende Wirkung und soll auch das Fieber senken. Gegen eine beginnende Grippe: frisch gemahlener Pfeffer, vermischt mit Zucker und Butter. Es ist sehr wichtig, Pfeffer in ganzen Körnern (er bleibt sehr lange aromatisch) und von bester Qualität zu kaufen. Die benötigte Menge stets frisch mahlen. Erst gegen Ende der Kochzeit würzen, damit das Aroma erhalten bleibt. Wer Chili- oder Cayennepfeffer nicht mag oder nicht verträgt, kann bei einigen Gerichten statt dessen Pfeffer nehmen, der Geschmack der Speise wird aber nicht mehr derselbe sein.

Safran

Safran besteht aus den ausgetrockneten Blütennarben des Safrankrokus. Er wird in den Mittelmeerländern bis weit nach Asien hinein angebaut und verwendet. Spanischer Safran gilt als der beste. Nach Schätzungen benötigt man 150 000 bis 500 000 Blüten, um 1 Kilogramm Safran zu erhalten, denn jede Blüte hat nur 3 Blütennarben. Diese riesige Zahl und die damit verbundene Erntearbeit machen verständlich, warum Safran so teuer ist.
Eine winzig kleine Menge reicht aus, ein ganzes Gericht zu würzen und zu färben; er wird in Mengen zwischen 1 und 10 Gramm verkauft, und zwar in Blütennarben oder als Pulver – dieses könnte jedoch ›gestreckt‹ sein, deshalb ist es besser, ihn selbst zu pulverisieren.
Er hat eine schöne orangerote Farbe, schmeckt aromatisch und bitter. Man löst ihn in etwas Flüssigkeit (Wasser, Milch oder Brühe) auf, die sofort eine kräftige Farbe annimmt, welche sich dann dem ganzen Gericht mitteilt. In Europa wird Safran hauptsächlich in nichtvegetarischen Speisen benutzt: Er paßt gut zu Muscheln und Fischen (Bouillabaisse, Paella). Im Orient würzt man damit sowohl pikante Gerichte (Fleisch, Reis) als auch Desserts und Süßspeisen.
Er wirkt appetitanregend und aphrodisisch, stimuliert die Verdauungsfunktion und wird auch bei einigen Magenleiden empfohlen, bei schmerzhaften Regelblutungen soll er ebenfalls helfen. Um den Durchbruch der ersten Zähne weniger schmerzhaft zu machen, kann man das Zahnfleisch der Kinder mit einer Mischung aus Safranpulver und Honig einreiben.

Schwarzkümmel

Schwarzkümmel gehört zur Familie der Ranunculaceae. Seine spitz zulaufenden, kleinen schwarzen Samen werden als Gewürz verwendet. Er wird hierzulande selten benutzt, im Mittleren Orient und in Indien gebraucht man ihn öfter. Gelegentlich kann er Pfeffer ersetzen. Mit Senfkörnern, Fenchel und Bockshornklee vermischt, verleiht er verschiedenen Gemüsen (Blumenkohl, Möhren . . .) ein angenehmes Aroma.

Senf

Die *Würzpaste* Senf entsteht aus den Samen von drei Pflanzen der Kohlfamilie, und zwar aus schwarzem Senf mit winzig kleinen, runden, schwarzen Samen (das ist das berühmte Senfkorn aus dem Gleichnis), aus Juncea- oder Sareptasenf (Indischer Senf), der ebenfalls eine dunkle Farbe hat und vom ersten kaum zu unterscheiden ist, und aus weißem Senf, dessen gelblich gefärbte Samen nicht so kräftig und weniger scharf sind.
Geschmack und Schärfe des Senfs entwickeln sich, wenn der zerdrückte Samen mit Wasser gemischt wird, hervorgerufen wird diese Reaktion durch ein im Senf enthaltenes Enzym. Diese Erfahrung hat jeder gemacht, der Senfmehlumschläge kennt, die – aus eben diesem Grund – vor der Anwendung befeuchtet werden müssen . . .
Die verschiedenen Senfsorten unterscheiden sich in Stärke und Geschmack beträchtlich, je nachdem, welche Samen benutzt wurden (Dijonsenf darf keine weißen Senfkörner enthalten), und je nachdem, ob sie mit Weißwein, Essig oder aromatischen Kräutern gewürzt wurden.

Schwarze oder *Junceasenfsamen* werden im Osten als Gewürz gebraucht, vor allem in Indien in der vegetarischen Küche. Gewöhnlich läßt man die Samen in Fett anrösten, bis sie knallen; sie sind nicht besonders scharf, haben mit der Würzpaste Senf nichts gemeinsam, aber geben den Gerichten, in denen sie vorgeschrieben sind, ein authentisches Aroma.

Senföl wird aus verschiedenen Senfsamen erzeugt, man braucht es für bestimmte Speisen, denen es einen unverwechselbaren Geschmack verleiht (man erhält es in Apotheken).

Soja

Die Sojabohne, eine Hülsenfrucht, stammt aus dem Fernen Osten. In allen Formen hat sie einen sehr hohen Gehalt an Protein von bester Qualität.

- *Die Bohne* wird wie andere Hülsenfrüchte zubereitet. Sie schmeckt vorzüglich und enthält viele Vitamine.
- *Die Keime* ißt man roh als Salat oder leicht angebraten, manchmal auch mit anderen Gemüsen gekocht (Chop-Suey, chinesische oder vietnamesische Suppen). Man kann sie ganz leicht selbst zum Keimen bringen.
- *Die Sauce,* auch Shoya oder Shoyu genannt, die hier am meisten interessiert, entsteht in einem drei Jahre dauernden Gärungsprozeß, wobei Sojabohnen in Salzwasser mazerieren. Sojasauce enthält viel Salz, Aminosäuren und Enzyme, das macht sie sehr kräftig, weshalb man sie mit Zurückhaltung verwenden sollte. Sie paßt zu Salaten, Rohkost, Suppen, Gemüsen, Beignets und Zerealien. Gewöhnlich gibt man sie nach dem Kochen zu. Wegen ihres hohen Salzgehalts sollte man die Speisen, die man damit würzen will, nicht salzen.

  Es gibt verschiedene Sorten: helle, dunkle, konzentrierte – die man natürlich in geringeren Mengen benutzt.

  Sojasauce wird manchmal auch unter der Bezeichnung *Tamarisauce* verkauft. Sie hat natürlich nichts mit Tamarinde zu tun.
- *Sojakäse* oder *Tofu* ist sehr proteinreich, er sieht aus wie Quark und wird gewöhnlich in rechteckigen Stücken von ca. 250 g verkauft (in japanischen, chinesischen oder vietnamesischen Spezialitätengeschäften). Vor dem Essen wird er angebraten, dann eventuell in Suppen oder zu Gemüse serviert.
- Aus Sojabohnen werden auch *Mehl* und *Nudeln* hergestellt.

Tamarinde

Die Tamarinde ist die Frucht eines Baumes, der ursprünglich aus Asien oder Afrika stammt. Das Fruchtfleisch enthält 12 Prozent Weinsäure. Es wird als getrocknete bräunliche Masse verkauft, die aus Schoten und Samen besteht. Man läßt es einige Stunden – am besten in heißem – Wasser ziehen. Der saure dunkelbraune Saft, den man durch Auspressen erhält, findet in zahlreichen vegetarischen Gerichten Südindiens Verwendung.

Manchmal kann man diesen Saft durch Zitronensaft oder Essig ersetzen, aber Kenner bevorzugen das ganz spezifische Aroma, das nur er den Gerichten verleiht.

Wacholder

Der Wacholderstrauch, ein stacheliger Busch, wächst in ganz Europa. Im Herbst kann man die Beeren sammeln, sie sind dann ganz frisch und aromatisch. In der westlichen Küche würzt man damit vor allem Wild, Vegetarier benutzen sie auch in Suppen, Marinaden, zu Blumenkohl, geschmortem Kohl und natürlich mit Sauerkraut.

Wacholderbeeren sollen antiseptisch wirken, Giftstoffe aus dem Körper vertreiben, da sie harntreibend, schweißtreibend und abführend wirken. Sie kräftigen das Nervensystem. Wacholderbeerenrauch soll gegen Rheumatismus helfen und die Luft verbessern.

Zimt

Zimt ist die getrocknete Rinde eines kleinen Bäumchens aus der Familie der Lorbeergewächse. Der beste kommt aus Ceylon, wo er auch ursprünglich herstammt.

Europa importierte viele Jahre lang ›Chinazimt‹, eine dem Zimt verwandte Pflanze mit dem Namen ›Kassia‹. Sie ist im Geschmack ähnlich, aber weniger delikat. Die beiden werden auch heute noch oft verwechselt und unter demselben Namen verkauft. Echten Zimt – er ist teurer – erkennt man an seiner feineren Rinde, die auch etwas dunkler ist.

Man verwendet ihn in Backwerk, mit Reis und Grieß, in Kompotten. Äpfel und Zimt gehören unzertrennlich zusammen . . . Mit gezukkerter Milch oder im Glühwein wirkt er vorbeugend gegen Grippe und Erkältungen. Er soll die Blutzirkulation anregen und bei Erkrankungen der Atemwege helfen, Husten bekämpfen und die Leber stärken. Da er anregend wirkt, nimmt man ihn gegen Müdigkeit und Appetitlosigkeit. Zimt ist auch antiseptisch (er wird in heißen Ländern mit bestimmten Fleischsorten verwendet, weil er fäulniserregenden Bakterien kräftig entgegenwirkt).

Tips und Ratschläge

- Mitgekochte ganze Chilischoten, Kräutersträußchen oder Zimtstangen vor dem Servieren entfernen.
- Muß man während des Garens den Deckel vom Topf nehmen, die daranhängenden Flüssigkeitstropfen auf die kochenden Lebensmittel abtropfen.
- Artischockenherzen mit Zitronensaft abreiben, damit sie sich nicht schwärzlich verfärben.
- Tamarinde nicht mit Tamari (einer Sojasauce) verwechseln.
- Zwischen Sojasauce, Sojabohnen und Sojakeimen unterscheiden.
- Löst man ½ Tasse Milchpulver in 1 Liter frischer Milch auf, erhält man den Nährwert von 2 Litern Milch in der Flüssigkeitsmenge von einem einzigen.
- Bevor Sie Zerealien waschen oder einweichen, messen Sie, wieviel Raum sie einnehmen (Glas etc.), so können Sie leicht die entsprechende Menge Kochflüssigkeit abmessen.
- Kochwasser von Gemüse niemals abgießen: Es enthält unter anderem wichtige Mineralsalze. Nudeln oder Reis darin abkochen oder als Suppengrundlage verwenden.
- Um ein zu scharfes Gericht (Gemüsecurry, Reis- oder Hülsenfruchtpüree) zu ›retten‹, einen oder mehrere Löffel Joghurt zufügen. Er mildert die Schärfe von Chili oder Peperoni und macht die Speisen gleichzeitig cremiger.

Saucen

Aïoli

5 Knoblauchzehen,
1–2 TL Senf,
½ Glas Essig,
½ l Öl,
Salz, Pfeffer

Die Knoblauchzehen schälen und in einem Mörser zerdrücken. Senf, Essig, Salz und Pfeffer hinzufügen. Mit einem Holzlöffel oder einem Schneebesen gut vermengen und wie bei einer Mayonnaise das Öl in kleinen Mengen unter ständigem Rühren dazugeben. Die jeweilige Ölmenge gut verarbeiten, so daß eine homogene Sauce entsteht.
Aïoli paßt ausgezeichnet zu gekochten oder über Dampf gegarten Gemüsen (Möhren, Kartoffeln etc.).

Bergamottesauce

4–5 Blätter von einem Bergamottestrauch (Bitterorangenstrauch),
1 Schalotte,
Saft von ½ Zitrone,
1 kleines Glas trockener Weißwein,
30 g Butter,
1 TL Mehl,
Salz, Pfeffer

Die Bergamotteblätter und die Schalotte getrennt fein hacken. Die Butter in einer Pfanne zerlassen und die Schalotte darin weich dünsten. Unter ständigem Rühren das Mehl hinzufügen und es von der Butter aufsaugen lassen. Nach und nach mit Weißwein und anschließend mit Zitronensaft ablöschen.
Die Sauce nimmt eine cremige, dicke Konsistenz an. Weiterrühren, salzen und pfeffern, die Bergamotteblätter dazugeben und die Sauce auf kleinster Flamme noch 3 bis 4 Minuten köcheln lassen.

Anmerkung:
Sind keine Bergamotteblätter erhältlich, so kann man zum Schluß die in feine Streifen geschnittene und blanchierte Schale einer halben Bitterorange hinzufügen.

Weiße Sauce

½ l heißes Wasser,
50 g Mehl,
50 g Butter,
Salz, Pfeffer

Die Butter in einem Topf schmelzen lassen, das Mehl zufügen, mit einem Holzlöffel schnell einrühren. Sobald die Mischung etwas Farbe annimmt, ein wenig Wasser zugießen, einarbeiten. Dann wieder etwas Wasser dazugeben, auf diese Weise fortfahren, bis alles Wasser aufgebraucht ist. Salzen, pfeffern und noch ein paar Minuten auf ganz kleiner Flamme weiterkochen lassen. Die Sauce soll die Konsistenz einer dicken Sahne annehmen, dabei aber flüssig bleiben.

Béchamelsauce

½ l heiße Milch,
50 g Mehl,
50 g Butter,
Salz, Pfeffer

Béchamelsauce wird wie eine Weiße Sauce zubereitet, nur ersetzt man das Wasser durch heiße Milch.
Die angegebenen Mengen sind für eine Sauce bestimmt, die Sie in einer Füllung, zu Teigwaren etc. verwenden. Für ein hauptsächlich auf der Basis von Béchamel bestehendes Gericht (Gemüseauflauf etc.) die Mengenangaben verdoppeln.

Varianten:
Je nach Verwendungszweck können Sie geriebene Muskatnuß, geriebenen Gruyères und/oder Parmesan (Mornaysauce), Curry, Tomatenmark (Aurorasauce), gehackte Kräuter, Crème fraîche etc. hinzufügen.

Currysauce

1 gut nußgroßes Stück Butter,
1 TL Curry,
1 EL Mehl,
2 Suppenkellen Gemüsebrühe oder Wasser

Die Butter in einer Kasserolle zerlassen, den Curry dazugeben, ein- bis zweimal umrühren und das Mehl hinzufügen. Unter Rühren hellblond schwitzen, nach und nach mit der Bouillon ablöschen und die Sauce auf kleiner Flamme einige Minuten andicken lassen.

Möhrensauce

4–5 schöne Zwiebeln,
500 g Möhren,
4–6 Knoblauchzehen,
4 EL Edelhefe in Flockenform,
Öl (oder Butter),
Salz, Pfeffer,
Thymian, Lorbeerblatt oder Majoran

Die in winzig kleine Würfel geschnittenen Zwiebeln und Knoblauchzehen in Öl weich dünsten. Sobald die Zwiebeln Farbe annehmen, die in Scheibchen geschnittenen Möhren, ein kleines Zweiglein Thymian und nach Belieben Lorbeer oder Majoran zufügen.
Die Hefe darüberstreuen und auf mittlerer Hitze kochen lassen, dabei gelegentlich umrühren. Die Möhren sollten nicht zu weich werden.
Diese Sauce paßt zu Reis, Hirse, Couscous oder Kartoffelpüree.

›Sojasauce‹ für Rohkost

1 EL Edelhefe in Flockenform,
1 EL Soja- oder Tamarisauce,
Salz,
Olivenöl

Die Hefe in der Soja- oder Tamarisauce auflösen. Ganz wenig oder überhaupt nicht salzen. Das Öl – genau wie bei einer Mayonnaise – unter Rühren zufügen.

Kalte Saucen auf der Basis von Milchprodukten

Drei Möglichkeiten, dazu zahllose Varianten, zum Würzen Ihrer Salate oder Ihrer Rohkost:

Joghurtsauce
Den Joghurt mit sehr wenig Wasser verdünnen. Salzen, pfeffern und je nach Geschmack gemahlenen Kreuzkümmel, gehackte Minze, Dill oder aber auch milden Senf und eventuell 1 EL Wein- oder Apfelessig hinzufügen.

Sahnesauce
Die Crème fraîche mit Zitronensaft aufschlagen, salzen, pfeffern und je nach Verwendung der Sauce Senf, gehackte frische Kräuter, Paprika oder Piment, Curry, ein wenig geraspelten schwarzen Rettich etc. hinzufügen.

Sauce mit Petit Suisse
Wenn Ihnen Crème fraîche geschmacklich nicht ganz genehm ist, statt dessen Petit Suisse (Vollfett- oder Magerstufe) nehmen. Wie beim vorherigen Rezept angegeben würzen.

Koriandersauce

1 großer Bund frischer Koriander,
2 Zwiebeln,
½ Kokosnuß (geraspelt),
1 Becher Vollmilchjoghurt,
½ oder 1 TL Salz,
1 oder 2 frische grüne Peperoni (nach Belieben)

Die Zwiebeln schälen und ebenso wie die Peperoni und den Koriander waschen. Die Korianderblätter von den Stielen zupfen. Alles fein hacken und die Masse in einem Mörser zusammen mit der geraspelten Kokosnuß und dem Salz zerstoßen. Kurz vor dem Servieren den Joghurt dazugeben und gut aufschlagen.
Diese Sauce eignet sich sehr gut als Beilage zu scharfen Gerichten oder zu Zerealien.

›Mayonnaise‹ ohne Eier

5 EL ungezuckerte Kondensmilch,
¼ l Öl,
1 EL Senf,
2–3 EL Zitronensaft oder Essig,
Salz, Pfeffer

Milch, Senf, Salz und Pfeffer in einer Schüssel vermischen. Unter Schlagen mit einem Schneebesen nach und nach das Öl dazugeben. Sobald die Mayonnaise cremig zu werden beginnt, das restliche Öl hinzufügen; dabei ständig weiterschlagen, bis die Mayonnaise ihre normale Konsistenz erhält.

Varianten:
Je nach dem Gericht, zu dem man sie serviert, können Sie unter Ihre Mayonnaise 2 EL gehackte frische Kräuter oder 1 EL Tomatensauce geben. Sie können aber auch Knoblauch oder Schalotte, beides fein gehackt, untermengen.

Pipérade (Baskenland)

750 g Tomaten,
1 große Zwiebel,
2 Paprikaschoten,
3–6 Knoblauchzehen,
6 EL Olivenöl,
3 Petersilienzweige,
Salz, Pfeffer,
Herbes de Provence

Die Tomaten kurz in kochendes Wasser tauchen, enthäuten und in Stücke schneiden. Die Paprikaschoten entkernen und in feine Streifen schneiden. Die Zwiebel in dünne Scheiben schneiden.
In einer Pfanne die Zwiebel und die Paprikaschoten in Olivenöl anbraten. Nach einigen Minuten die Tomaten, den zerdrückten Knoblauch, die gehackten Petersilienzweige und die Kräuter dazugeben. Salzen und pfeffern. Auf kleiner Flamme zugedeckt 30 Minuten (oder etwas länger, wenn Sie es nicht eilig haben) köcheln lassen.

Spaghettisauce (Kanada)

2 mittelgroße Zwiebeln,
4–5 Knoblauchzehen,
4 Selleriestangen,
1 grüne Paprikaschote,
500 g Champignons,
2–3 Möhren,
5 Stangen Lauch,
7 Brokkolistengel,
10 schwarze Oliven,
1 Dose geschälte Tomaten (1 kg),
1 kleine Dose Tomatenmark,
1 Dose (250 g) pürierte Tomaten,
½ Dose Tomaten-Gemüse-Saft (nach Belieben),
1 Sträußchen Petersilie,
1 Zweiglein Thymian,
2 Lorbeerblätter,
4 getrocknete Chilischoten,
Salz, Pfeffer,
1 Msp Basilikum und Oregano,
1 EL Honig,
Maismehl, Öl

Alle Gemüse putzen, die Zwiebeln, Knoblauchzehen, Petersilie und die entsteinten Oliven getrennt fein hacken. Die Champignons in Scheibchen, die Paprikaschote in Streifen, Brokkoli, Möhren, Sellerie und Lauch in kleine Würfel schneiden.
Die Zwiebeln, Sellerie und Paprikaschote in Öl anbraten, sobald die Zwiebeln weich sind, Möhren, Lauch und Brokkoli zufügen. Ungefähr 10 Minuten kochen lassen. Dann sämtliche Tomatenprodukte dazugeben. Umrühren, die Kräuter und Gewürze beifügen, salzen und pfeffern. Den Deckel auf den Topf legen und mindestens 30 Minuten köcheln lassen. Dann die Champignons, den Knoblauch, die Oliven und den Honig in die Sauce geben. Noch weitere 10 Minuten köcheln lassen.
Kurz vor dem Servieren die Sauce nach Belieben mit etwas Maismehl andicken.

Sauce nach Art des Sultans (Marokko)

80–100 g Butter,
500 g Rosinen,
5 mittelgroße Zwiebeln,
Zucker, Salz, Zimt,
1 kleine Msp Safran

Die Rosinen mindestens ½ Stunde in lauwarmem Wasser einweichen.
Die Zwiebeln sehr fein hacken. In Butter dünsten. Wenn sie ganz weich und hellgelb sind, die abgetropften Rosinen zufügen. Sie sollen sich vollsaugen, damit sie schön prall werden. Mit Salz, Zucker und reichlich Zimt abschmecken, eine Messerspitze Safran dazuschütten, damit die Sauce eine hübsche Farbe erhält.
Sultansauce paßt zu Couscous, Sie können sie aber auch zu Zerealien reichen, wie z. B. Weizen, Reis, Hirse etc.

Tomatensauce mit Möhren und Muskat

750 g Möhren,
6 Zwiebeln,
½ Dose Tomatenmark,
etwa 1 l Gemüsebrühe
oder Thymiansud,
Salz, Pfeffer,
Muskatnuß, Thymian,
Lorbeerblatt, Rosmarin,
Basilikum (Pulver),
Öl

Die Möhren putzen und raspeln. Die Zwiebeln fein hacken, dann in Öl in einer großen Pfanne andünsten, mit Salz, Pfeffer, Muskat und den Kräutern würzen.
Sobald die Zwiebeln Farbe nehmen, die geraspelten Möhren zufügen. Sie sollen sich mit dem aromatisierten Öl einige Minuten vollsaugen können, dann alles in einen Topf umfüllen. Das Tomatenmark hineingeben und mit der Brühe oder dem Thymiansud aufgießen. Mindestens 1 Stunde köcheln lassen (bis zu 3 Stunden, wenn Sie genügend Zeit haben), dann abschmecken. Bei Bedarf noch etwas geriebene Muskatnuß zufügen.
Diese Sauce paßt zu Zerealien, Kartoffeln oder Kartoffelpüree, kann aber auch, wenn Sie die Zutatenmengen vergrößern, als selbständiges Gericht serviert werden.

Tomatensauce mit Ingwer (Indien)

1 kg sehr reife Tomaten,
100 g Zucker,
1/16 l Weinessig,
1 EL Salz,
1 EL Chilipulver,
1–2 Knoblauchzehen,
10 g frischer Ingwer

Den Ingwer und die Knoblauchzehen sehr fein hacken, mit dem Essig in einer Tasse vermischen.
Die Tomaten überbrühen, häuten, das Fruchtfleisch samt Saft zerdrücken.
In einem Topf mit dickem Boden die zerdrückten Tomaten und den Essig mit Knoblauch und Ingwer vermischen, mit Salz und Chilipulver würzen und auf kleiner Flamme köcheln lassen, dabei gelegentlich umrühren.
Wenn die Sauce um die Hälfte eingekocht ist, den Zucker hineinschütten, andicken lassen.
Die Sauce nach Belieben durch ein Sieb passieren oder einfach so servieren.

Scharfe Tomatensauce

1 kg Tomaten,
2 Zwiebeln,
2 Knoblauchzehen,
1 Kräutersträußchen,
3 EL Öl,
Salz, Pfeffer,
1/2 TL Chilipulver,
30 g Butter,
15 g Mehl

Die Tomaten waschen, in Stücke schneiden. Mit dem Öl in einen Topf geben, dann die feingehackten Zwiebeln, den zerdrückten Knoblauch, Salz, Pfeffer, Chilipulver und das Kräutersträußchen zufügen. 30 Minuten bei mittlerer Hitze kochen lassen, dann durch ein Sieb passieren.
In einem Topf aus Butter und Mehl eine helle Mehlschwitze bereiten, die Tomatensauce in kleinen Mengen einarbeiten. Abschmecken: Wenn die Sauce leicht säuerlich schmeckt, kann man mit 1 oder 2 Stück Würfelzucker Abhilfe schaffen.

Vinaigrette

3 EL Öl,
1 EL Essig,
Salz, Pfeffer

Zuerst den Essig, das Salz und den Pfeffer vermischen. Das Öl zugießen und gut darunterrühren.
Dies ist die einfachste und schnellste Sauce für Rohkost und alle Salate. Sie kann auf verschiedene Weise abgewandelt werden.

Vinaigrette mit Zitrone

Statt Essig Zitronensaft nehmen (für geriebene Möhren, Chicorée, grüne Salate etc.).

Vinaigrette mit Senf

Den Essig mit Senf vermischen (1 bis 2 TL nach Belieben).

Vinaigrette mit Kräutern

In die fertige Vinaigrette 1 EL gehackte feine Kräuter einrühren (nach Belieben: Estragon, Petersilie, Kerbel, Basilikum etc.). Je nachdem, wofür Sie die Sauce verwenden wollen, nehmen Sie nur eine Sorte Kräuter oder aber eine Mischung. Sie können auch feingehackte Zwiebeln dazugeben.

Vinaigrette mit Knoblauch

In die Vinaigrette 1 oder 2 sehr fein gehackte Knoblauchzehen geben. Aber auch hier können Sie variieren: Knoblauch und Zwiebeln oder Knoblauch und Schalotten etc.

Tomatensauce mit Rosinen

1 kg Tomaten,
100 g Zucker,
Saft von 1½ Zitronen,
125 g Rosinen,
ungefähr 1 TL Salz,
1 TL Chilipulver

Die Rosinen waschen, in lauwarmem Wasser einweichen. Die Tomaten in kleine Stücke schneiden, bei schwacher Hitze mit 3 Gläsern Wasser und Salz 1 Stunde köcheln lassen. Durch ein Sieb drücken und den so gewonnenen dicken Saft in einen Topf gießen. Zum Kochen bringen, dann die Hitze drosseln, das Chilipulver, die abgetropften Rosinen, den Zitronensaft und, falls nötig, noch etwas Salz zufügen und leise kochen lassen. Gelegentlich umrühren, den Zucker dazugeben und bei schwacher Hitze auf eine dicke Konsistenz einkochen lassen.

Pikante Beilagen und Chutneys

Artischocken, mariniert in Olivenöl (Provence)

Für ein Dutzend kleiner violetter Artischocken:

½ l Essig,	*2–3 Knoblauchzehen,*
½ l Wasser,	*Salz,*
1 Zweiglein Thymian,	*Pfefferkörner,*
einige Lorbeerblätter,	*Olivenöl*

Schöne kleine violette Artischocken auswählen, waschen, mit einer Schere die Blattspitzen abschneiden.
Das Wasser mit Essig, Thymian, Lorbeerblättern, Knoblauchzehen, Salz und Pfeffer zum Kochen bringen. Die Artischocken darin 5 Minuten blanchieren. Nach dem Abtropfen auf ein Geschirrtuch setzen und über Nacht trocknen lassen.
Am nächsten Tag die Artischocken in ein passendes Glas einlegen und mit Olivenöl bedecken. Darin läßt man sie mindestens 14 Tage marinieren.
So zubereitet halten sich die Artischocken mehrere Wochen. Sie eignen sich gut als Vorspeise.

Sesambutter

Um der Butter ein besonderes Aroma zu geben, kann man sie nach folgender Methode verfeinern. Es ist vorteilhaft, eine größere Menge zuzubereiten, unsere Angaben beziehen sich deshalb auf 1,5 kg Butter. Die Sesamsamen trocken in einer Pfanne anrösten, dabei ständig umrühren, damit sie nicht zu dunkel werden. Sie erhalten eine schöne, mehr oder weniger rötliche Farbe. Die Samen anschließend in einer elektrischen Kaffeemühle (für 1,5 kg Butter brauchen Sie etwa 2 Mühlen voll Samen) mahlen oder im Mörser fein zerstoßen.
Die Butter mit dem Sesampulver und 1 TL Salz verkneten, bis eine homogene Masse entstanden ist. Diese Butter schmeckt köstlich auf Brötchen.

Pikante Auberginen

1 kg Auberginen,
4 EL Chilischoten (gemahlen oder pulverisiert),
1 Knoblauchknolle,
1 Tasse Essig,
1 EL schwarzer Kümmel,
1 EL schwarzer Pfeffer (gemahlen),
1 EL Curcuma,
2 EL schwarze Senfkörner,
4 EL Salz,
25 g Ingwer,
2 Tassen Erdnuß- oder Sonnenblumenöl

Am Morgen:
Die Auberginen waschen, in Würfel schneiden, in Salz wälzen, auf einem genügend großen Tablett ausbreiten und an einem möglichst sonnigen Platz 12 Stunden ruhen lassen.

Am Abend:
In einem Mörser den geschälten Knoblauch, den Ingwer, die Senfkörner und den Kümmel zerstoßen, anschließend das Ganze mit Essig verdünnen. Anstelle eines Mörsers kann man auch eine elektrische Kaffeemühle oder einen Mixer – niedrige Geschwindigkeit einstellen – benützen.
Die Auberginen abtropfen lassen und zusätzlich zwischen den Händen drücken, damit sie sämtliche Flüssigkeit verlieren. Die Würfel der Reihe nach erst in Curcuma, dann in den Chilischoten, im schwarzen Pfeffer und zum Schluß in einer flüssigen Gewürzmischung wenden. Die Auberginen in ein Glasgefäß einlegen, so viel Öl darübergießen, daß sie völlig bedeckt sind, das Glas verschließen.
Das Gefäß in die Sonne stellen. Täglich rütteln und den Inhalt umrühren. Die Auberginen können nach knapp einer Woche verzehrt werden.

›Champignons‹ aus Auberginen

Auberginen,
Salz,
Nadel und Faden

Auberginen waschen und ungeschält in dünne Scheibchen schneiden. Mit Salz bestreuen und 3 bis 4 Stunden Wasser ziehen lassen. Die Scheibchen mit einem sauberen Tuch oder Küchenpapier trocknen, anschließend auf einen kräftigen Faden aufziehen, dabei darauf achten, daß zwischen den einzelnen Scheibchen ein kleiner Abstand bleibt.
Den Faden an einem gut belüfteten, trockenen, schattigen Ort aufhängen. Die Auberginen austrocknen lassen: Wie lange das dauert, hängt von der Raumtemperatur und nicht zuletzt auch von der Dicke der Scheibchen ab. Sobald sie völlig trocken sind, vom Faden nehmen und in einem dicht schließenden Gefäß (Blechdose etc.) aufbewahren.
Vor Gebrauch einige Minuten einweichen, man kann sie dann genau wie echte Champignons benutzen, denen sie zum Verwechseln ähnlich sind. Sie verbessern das Aroma von Saucen, passen zu Gemüse und Speisen aus Getreideprodukten, schmecken aber auch gut, einfach mit etwas Knoblauch und Petersilie in Öl angebraten.

Chilidatteln

1 Schachtel Datteln (125 g),
50 g Tamarinde,
2–4 getrocknete spanische Chilischoten,
250–300 g brauner Zucker,
50 g gehackte Mandeln,
Salz, Chilipulver

Tamarinde in einer Schale in heißem Wasser einweichen. Währenddessen die Datteln entkernen.
Nach 1 Stunde das von der Tamarinde gefärbte Wasser durch ein Sieb in einen Topf gießen, Tamarinde zwischen den Fingern ausdrücken, um allen Saft herauszupressen.
Mit Zucker, Salz, den Chilischoten und dem Chilipulver 5 bis 10 Minuten kochen lassen, dann die Datteln und die Mandeln zufügen. Die Mischung andicken lassen. Abgekühlt in ein Einmachglas füllen. Chilidatteln halten sich mehrere Wochen.

Marinade

Die Menge der Zutaten hängt von der Größe des Gefäßes ab. Aus diesem Grunde verzichten wir hier auf genaue Angaben.
Sie brauchen:

Zwiebeln,
Lorbeerblätter,
Thymianzweige,
Meersalz,
schwarze Pfefferkörner,
Korianderkörner,
Weinessig bzw. trockener Weiß- oder Rotwein

Ein großes Gefäß abwechselnd mit folgenden Zutaten füllen:
- Zwiebeln, in Scheiben geschnitten,
- die Gemüse, die Sie marinieren wollen: z. B. ganze Cornichons, in Streifen geschnittenen grünen Kopfkohl (Spitzkohl, Wirsing), Blumenkohlröschen . . .

Salzen, pfeffern, ganze Pfefferkörner und Koriander zufügen, 1 Zweiglein Thymian, 1 Lorbeerblatt dazugeben.
Wenn das Gefäß etwa zur Hälfte gefüllt ist, Essig oder Wein nach Wahl zugießen. Das Gefäß verschließen und 2 Tage zur Seite stellen. Der Inhalt ist dann fertig zum Verzehr. Die Marinade läßt sich in einem kühlen Raum oder im Kühlschrank mehrere Tage lang aufbewahren.

Variante:
Man kann der Marinade auch einige Chilischoten und Möhrenscheibchen zufügen.

Königliche Mischung

150 g Rosinen (Smyrna),
150 g Korinthen,
100 g Cashewnüsse,
100 g Pinienkerne,
ca. 60 g Butter

Die Rosinen in lauwarmem Wasser etwa 20 Minuten lang einweichen. Die Korinthen lediglich waschen.
In einem Schmortopf oder einer genügend großen Pfanne die Cashewnüsse in etwas Butter anrösten. Dabei ständig umrühren, damit sie nicht anbrennen. Sobald sie eine goldbraune Farbe

angenommen haben, zunächst die Pinienkerne, dann die Korinthen zufügen. Auch sie unter ständigem Umrühren anrösten, wenn nötig, mehr Butter in den Topf geben. Zum Schluß die gut abgetropften Rosinen beifügen.
Sobald die Rosinen prall und goldbraun sind und die Cashewnüsse und Pinienkerne eine hellbraune Farbe angenommen haben, vom Feuer nehmen.
Reichen Sie diese Mischung in einer kleinen Schüssel zu ›Pulao‹, Currygerichten, Speisen aus Getreideprodukten, Couscous oder mischen Sie es direkt in ein Reisgericht.

Essigzwiebeln

1 Bund Frühlingszwiebeln,
30 g Salz,
¼ l Apfelweinessig,
1 TL schwarzer Pfeffer,
1 TL ganze Nelken

Die Zwiebeln schälen, mit Salz bestreuen und über Nacht ruhen lassen.
Am nächsten Tag waschen und abtropfen lassen. Den Essig mit den Gewürzen 10 Minuten kochen, dann die abgetropften Zwiebeln hineingeben und weitere 5 Minuten kochen lassen.
Die Zwiebeln herausnehmen, in ein Einmachglas füllen und mit Essig übergießen. Das Glas erst verschließen, wenn der Inhalt gut abgekühlt ist.

Apfelpüree mit Chilischoten

1 Banane,
1 Apfel,
1–2 getrocknete Chilischoten

Banane und Apfel am besten im Mixer bei mittlerer Geschwindigkeit zu Püree verarbeiten. Die zerstoßenen Chilischoten beifügen, gut mischen.
Diese schnelle und einfache Sauce paßt zu vielerlei Gerichten. Man serviert sie wie Chutney: Also nicht unter die Speisen mischen, sondern 1 oder 2 Löffel davon an den Tellerrand legen. Gut zu Gemüse oder Zerealien.

Chutney ist ein Püree, das aus Früchten oder Gemüse und verschiedenen Gewürzen zubereitet wird. Es kann süß und scharf, salzig und scharf oder auch süß und gepfeffert zugleich sein . . . Man ißt es zu Gemüse oder Zerealien. Geben Sie 1 Löffel davon auf den Teller, essen Sie es wie Senf.

Bananenchutney 1

Mindestens 12 Stunden vor Gebrauch zubereiten:

6 Bananen,
6 EL Zucker,
1 walnußgroßes Stück Tamarinde,
1 TL schwarzer Pfeffer,
½–1 TL Chilipulver,
½ Muskatnuß (gerieben),
2–3 TL Zimtpulver,
½ TL Ingwerpulver

Die Tamarinde in 6 EL lauwarmem Wasser etwa 12 Stunden lang einweichen lassen.
Am nächsten Morgen die Bananen pürieren und den Saft der Tamarinde, gesiebt, zufügen. Dann nacheinander den Zimt, die feingeriebene Muskatnuß, den schwarzen Pfeffer, das Chilipulver und den Ingwer einarbeiten.
Vorsicht: Jede Zutat muß getrennt hinzugefügt werden. Erst wenn die Mischung völlig homogen ist, gibt man das nächste Gewürz hinein.
Ohne Kühlschrank können Sie Chutneys 1 gute Woche lang aufbewahren. Aber es ist empfehlenswert, sie entweder gleich oder besser 2 Tage nach der Zubereitung zu essen. Danach treten einige Gewürze stärker in den Vordergrund und verändern dadurch den Geschmack des Chutneys.

Bananenchutney 2

6 Bananen,
6 EL Zucker,
5 TL Sojasauce,
½ TL Nelkenpulver,
½ TL Curcuma,
½–1 TL Ingwer,
½ Muskatnuß (gerieben),
1 EL Zimt,
½–1 TL Chilipulver,
1 gestrichener EL Kreuzkümmel (gemahlen),
nach Belieben Pfeffer

Wie ›Bananenchutney 1‹ zubereiten, jedoch den Tamarindensaft durch die Sojasauce ersetzen. Sie ist leichter aufzutreiben und kann überdies sofort verwendet werden.
Die Gewürze in der oben angeführten Reihenfolge einarbeiten.
Bananenchutneys passen zu Reis, Zerealien, Dampfkartoffeln, Gemüseküchlein, Crêpes etc.

Anmerkung:
Die Mengenangaben sind nicht verbindlich. Je nach Geschmack können Sie mehr oder weniger Chilipulver, Ingwer etc. beifügen.

Mangochutney

250–300 g frische, möglichst grüne Mangofrüchte,
150 g Zucker,
1 EL Öl,
1 TL Anissamen,
2 getrocknete Chilischoten,
Salz

Die Mangos schälen und in heißem Wasser weich kochen. Das Fruchtfleisch zermusen, die Kerne zur Seite legen.
In einem Schmortopf Öl erhitzen, die Anissamen und die Chilischoten darin leicht andünsten, zum Schluß das Mangopüree zufügen. Zucker, Salz und Mangokerne dazugeben. Bei milder Hitze so lange köcheln lassen, bis es genügend eingedickt ist.

Melonenchutney

1 schöne Melone (sie sollte reif sein und angenehm riechen),
100 g Rosinen,
30 g Butter (oder 3 EL Erdnußöl),
2 getrocknete Chilischoten,
1 TL Kümmel (ganz),
½–1 TL Kreuzkümmel (gemahlen),
1 TL Koriander, gemahlen (nach Belieben),
2 TL Zimt,
1 TL Ingwerpulver,
½ TL Curcuma,
½ Muskatnuß (gerieben),
5 Gewürznelken,
100 g Puderzucker,
1 EL Honig,
schwarzer Pfeffer

Die Rosinen ½ bis 1 Stunde in lauwarmem Wasser einweichen. Die Melone vorbereiten, schälen, die Kerne entfernen und das Fruchtfleisch in kleine Würfel schneiden.

In einem emaillierten Topf die Butter erhitzen, den Kümmel und die zuvor zerstoßenen Chilischoten hineingeben. Wenn Sie es nicht ganz so scharf mögen, nehmen Sie nur eine einzige Chilischote. Diese Mischung unter ständigem Umrühren mit einem Holzlöffel anrösten, dann den Kreuzkümmel zufügen. Weiterrühren, nach kurzer Zeit die abgetropften Rosinen hinzufügen. Sobald sie prall sind und eine goldgelbe (nicht schwarze!) Farbe angenommen haben, die Melonenwürfel samt dem ausgetretenen Saft dazugeben. Ständig weiterrühren, dabei nacheinander Curcuma, Nelken, Zimt, Ingwer, Koriander, eine Messerspitze Pfeffer, feingeriebene Muskatnuß und zum Schluß den Zucker und den Honig zugeben.

Etwa ½ Stunde bei milder Hitze köcheln lassen, dabei gelegentlich umrühren.

Dieses Chutney ist heiß oder kalt gleichermaßen wohlschmeckend. Es entfaltet sein ganzes Aroma einen Tag nach der Zubereitung.

Minzechutney 1

1 dicker Bund frische Minze,
30 g geraspelte Kokosnuß
(wenn möglich, frisch),
1 Stück Tamarinde,
2 frische grüne Peperoni
oder 3 TL schwarzer Pfeffer,
½ TL Salz,
2 EL Öl

Die Minze gründlich waschen und die Blätter im Mörser zerstoßen, um eine Art Paste zu erhalten. Dann die in Ringe geschnittenen Peperoni oder den schwarzen Pfeffer, die Kokosraspeln, Salz und die von Fasern und Samen befreite Tamarinde zufügen. Alles gut verkneten, mit Öl geschmeidig machen.

Minzechutney 2

1 dicker Bund frische Minze,
3 TL schwarzer Pfeffer oder
2 Peperoni,
1 Stück Tamarinde
(nach Belieben),
½ TL Salz,
½ Zitrone,
1 Msp Zucker

Wie ›Minzechutney 1‹ zubereiten, aber statt Öl 2 bis 3 EL Zitronensaft nehmen.

Kokosnußchutney

½ Kokosnuß,
1 Bund frisches Korianderkraut,
2 Zitronen,
12 kleine grüne Peperoni,
1 EL Sesamsamen,
Salz

Das Korianderkraut waschen, Stiele entfernen.
Das Fleisch der Kokosnuß raspeln und mit den Sesamsamen vermischt im Ofen anrösten. Sobald die Mischung eine hellgoldene Farbe angenommen hat, in einem Mörser oder Elektromixer zusammen mit dem Korianderkraut und den Peperoni pürieren. Den Saft der beiden Zitronen zufügen, salzen.

Zwiebelchutney

4–5 große Zwiebeln,
150 g Kokosnuß, geraspelt
(wenn möglich, frisch),
20 g Butter,
3/4 TL Salz,
5 Chilischoten,
1 Stück Tamarinde von der
Größe einer Haselnuß

Die ganzen Zwiebeln im Ofen oder, falls Sie einen Kamin besitzen, in heißer Asche rösten. Die verbrannte Haut entfernen.
Die der Länge nach geteilten Chilischoten in sehr heißer Butter anbraten. Die Zwiebeln, Chilischoten und Tamarinde (von der zuvor Fasern und Samen entfernt wurden) zusammen zermusen. Salz und geraspelte Kokosnuß zufügen und zu einer homogenen Masse verarbeiten.
Dieses Chutney paßt ganz ausgezeichnet zu Gemüse.

Chutney mit Joghurt

2 Becher Joghurt,
möglichst leicht säuerlich,
1 TL Senfkörner,
Salz,
Chilipulver oder
gehackte grüne Peperoni,
nach Wahl,
1 TL Öl

Joghurt cremig rühren.
Öl in einer Pfanne erhitzen, die Senfkörner darin anrösten. Sobald sie nicht mehr hochspringen, Joghurt, Salz und Chilipulver bzw. gehackte Peperoni zufügen.
Vom Feuer nehmen und zu Crêpes servieren.

Raitas

Unter ›Raita‹ versteht man eine kalte Zubereitung, deren Grundlage gesalzener und mit verschiedenen Gewürzen aromatisierter Joghurt ist. Gemüse oder Früchte geben ihr ›Farbe‹. Sie bringt das Aroma visuell zum Ausdruck. Grün: Gurke und Minze oder Kreuzkümmel; Rot: Tomate und Chilipulver; Orangegelb: Möhren und Curcuma . . .
Raitas sind weder Salate noch Saucen, noch eigenständige Gerichte: Man reicht sie im allgemeinen zu Reis und scharf gewürzten Gemüsegerichten. Ihre Frische mäßigt die Schärfe eines Currys. Jeder nimmt sich ein wenig auf seinen Teller und ißt sie zusammen mit den anderen Speisen (ohne sie notwendigerweise mit diesen zu vermischen).
Raitas sollten auch für Vegetarier der westlichen Hemisphäre zur ständigen Gewohnheit werden: Sie bringen Farbe und Abwechslung in die Mahlzeiten und stellen gleichzeitig eine gute Gelegenheit dar, die tägliche ›Ration‹ Milchprodukte zu sich zu nehmen.

Auberginen-Raita

4 Becher Joghurt,
Salz, schwarzer Pfeffer,
1 Aubergine,
1 TL Kreuzkümmelpulver,
1–2 Zweiglein frisches Korianderkraut oder Petersilie,
1 kleine grüne Peperoni (nach Wahl)

Die Aubergine im Ofen backen, bis sie weich ist. Das Fruchtfleisch fein hacken.
Joghurt cremig rühren, Salz und Gewürze und zuletzt die Auberginenwürfel zufügen. Mit gehacktem Korianderkraut oder Petersilie bestreuen.

Früchte-Raita

4 Becher Joghurt,
1 kleine Banane,
1 kleiner Apfel,
50 g Rosinen,
1 TL Zucker,
Salz und Pfeffer
(nach Belieben)

Eine ungewöhnliche Raita, aber Sie sollten sie einmal probieren . . . vor allem, wenn Sie Süß-Saures mögen.
Den Joghurt mit Zucker, Salz und Pfeffer cremig rühren. Sogar eine Messerspitze Chilipulver paßt gut dazu! Die in dünne Scheibchen geteilte Banane, den geschälten und in feine Schnitze geschnittenen Apfel sowie die zuvor gewaschenen Rosinen beifügen. Alles gut mischen, mit ganz leicht gewürzten Apfelschnitzen und Bananenscheibchen garnieren.

Gurken-Raita 1

4 Becher Joghurt,
1 mittelgroße Gurke
(oder ½, falls sie sehr lang ist),
Salz, Pfeffer,
1 Msp Kreuzkümmelpulver,
2 TL Kümmel, ganz

Die Gurke schälen, in zwei Hälften teilen, mit Salz bestreuen und ½ Stunde ›weinen‹ lassen. Gut abtropfen, Kerne entfernen.
Den Joghurt mit einer Gabel schön glattrühren. Ist er sehr dick, etwas Wasser zugießen. Salzen, pfeffern, dann die geraspelte oder in winzig kleine Würfelchen geschnittene Gurke und zum Schluß das Kreuzkümmelpulver und den Kümmel zufügen. Gut mischen. Kurz vor dem Servieren noch mit Kümmelsamen bestreuen.

Gurken-Raita 2

4 Becher Joghurt,
1 mittelgroße Gurke,
Salz, Pfeffer,
1 TL Kümmel (ganz),
einige Blättchen frische Minze,
1 kleine Zwiebel (nach Wahl)

Wie ›Gurken-Raita 1‹ zubereiten, also die geraspelte bzw. kleingeschnittene Gurke in den glattgerührten Joghurt geben. Die Gewürze sowie die feingehackte Minze und die Zwiebel beifügen. Alles gut vermischen, mit einigen ganzen Minzeblättchen dekorieren.

Möhren-Raita

4 Becher Joghurt,
2 mittelgroße Möhren,
Salz, Pfeffer oder Chilipulver,
½ TL Curcuma,
½ TL Koriander,
1 Msp Curry (nach Wahl)

Joghurt verrühren, Salz, Pfeffer oder Chilipulver und die Gewürze zufügen.
Die Möhren, die von allerbester Qualität sein sollten, fein reiben und unter den Joghurt mischen.
Auf die Speise mit schwarzem Pfeffer und Curcuma arabeske Linien ›zeichnen‹.

Raita mit Minze und Zwiebeln

4 Becher Joghurt,
einige Blättchen frische Minze,
1 kleine grüne Peperoni,
1 kleine Zwiebel,
Salz

Joghurt cremig rühren und salzen. Zwiebel, Peperoni und Minze (einige Blättchen zur Dekoration beiseite legen) fein hacken, in den Joghurt geben.
Wenn Ihnen die Peperoni zu scharf ist, ersetzen Sie sie durch ein wenig Pfeffer.

Kartoffel-Raita

4 Becher Joghurt,
1–2 gekochte Kartoffeln,
Salz, Pfeffer,
½ TL Senfkörner,
½ TL Kreuzkümmelpulver,
Butter

Die Senfkörner in sehr wenig Butter anrösten. Sobald sie aufhören zu knallen und nicht mehr hochspringen, aus der Pfanne nehmen und auf Küchenpapier abtropfen lassen.
Die Kartoffeln pürieren oder in winzig kleine Würfel schneiden. Den Joghurt cremig rühren, salzen und pfeffern, Senfkörner und Kreuzkümmel zufügen, zum Schluß die Kartoffeln hineingeben. Gut vermischen und mit einer Spur Kreuzkümmelpulver bestäubt servieren.

Variation:
Ersetzen Sie den Kreuzkümmel durch Chilipulver. Dann jedoch auf den Pfeffer verzichten.

Tomaten-Raita

4 Becher Joghurt,
Salz, Chilipulver,
schwarzer Pfeffer,
Paprika (nach Belieben),
1 kleine Zwiebel (nach Belieben),
2 mittelgroße Tomaten

Den Joghurt in einer Salatschüssel cremig rühren, salzen, mit 1 Prise Chilipulver und – falls Sie den Geschmack lieben – mit etwas Paprika würzen, dann die feingewiegte Zwiebel zufügen. Die Tomaten schälen, Kerne entfernen und den Saft austropfen lassen, das Fruchtfleisch sehr fein hacken oder in kleine Würfel schneiden. Zum Joghurt geben. Alles gut vermengen und vor dem Servieren mit Paprika (oder Chilipulver) und schwarzem Pfeffer bestäuben.

Rohkost und frische Salate

Avocado ›Guacamole‹ (Mexiko)

4 mittelgroße Avocados,
4 Tomaten,
4 kleine Zwiebeln,
Salz,
Chilipulver,
Oregano,
Olivenöl

Die Tomaten mit heißem Wasser überbrühen, damit sich ihre Haut leichter abziehen läßt. Das Fruchtfleisch fein hacken. Die Zwiebeln ebenfalls hacken oder – besser noch – reiben. Das Fruchtfleisch der Avocados mit einer Gabel zermusen, bis ein glatter, cremiger Brei entsteht.
Salzen, mit Oregano und Chilipulver würzen, etwas Olivenöl zugießen und alles gut vermengen. Dann die Zwiebeln und Tomaten zugeben. Erneut vermischen.
Diese Zubereitung entweder in einer mit Kopfsalatblättern ausgelegten flachen Schüssel anrichten oder in den ausgehöhlten Avocadoschalen servieren.

Apfel-Endivien-Salat

2 Endivien,
1 großer Apfel
(vorzugsweise Reinette),
1 TL Senf,
40 g geriebener Hartkäse
(Fromage de Comté,
ersatzweise Emmentaler),
Öl, Essig oder Zitronensaft,
Salz, Pfeffer

Die Endivien waschen, abtropfen lassen.
Eine Vinaigrette bereiten, Senf und den geriebenen Käse darunterrühren.
Den Apfel schälen, das Kernhaus entfernen, das Fruchtfleisch in dünne Scheiben schneiden und auf den Boden einer Salatschüssel legen. Mit der Vinaigrette begießen. Dann die zerkleinerten Endivienblätter darauflegen. Erst kurz vor dem Servieren mischen.

Chicoréesalat mit Nußkernen

6 Chicoréestauden,
100 g Hartkäse
(Fromage de Comté,
eventuell Emmentaler),
60 g Nußkerne,
½ Zitrone,
Senf,
Nußöl (wenn vorhanden),
Salz, Pfeffer

Den Chicorée gründlich waschen, die Blätter anschließend mit einem sauberen Küchenhandtuch oder in Küchenpapier trocknen. Sie können die Blätter ganz lassen oder in ca. 1 cm breite Streifen schneiden.
In einer Salatschüssel aus Senf, Zitronensaft, Salz, Pfeffer und ca. 5 EL Öl eine Sauce bereiten. Zunächst den Chicorée, dann den in Würfel geschnittenen Käse und die ganzen Nußkerne hineingeben. Gut vermischen. Vor dem Servieren mit einigen Nußkernen garnieren.

Dillgurken

1,5 kg Gurken,
1 Becher Crème fraîche,
20 g Butter,
1 gestrichener EL Mehl,
1 Glas Milch,
Dill, Salz, Pfeffer

Die Gurken schälen, der Länge nach halbieren, die Kerne entfernen und das Fleisch in Würfel schneiden. 15 Minuten in kochendem Salzwasser blanchieren, dann abtropfen lassen. Aus Butter, Mehl und Milch eine Béchamelsauce bereiten (siehe Seite 34). Vom Feuer nehmen, die Crème fraîche darunterrühren, salzen und pfeffern. Die Gurken in eine Schüssel geben, mit der Sauce übergießen. Mit Dill bestreuen. Kühl servieren.

Variation:
Man kann den Dill durch einige Blätter gehackte Minze ersetzen.

Gurken mit Minze

3 schöne Gurken,
100 g Crème fraîche,
½ Zitrone,
1 Stengel Minze,
Salz, Pfeffer

Die Gurken in dünne Scheiben schneiden, in eine Schüssel geben, mit 1 EL Salz bestreuen und ½ Stunde Wasser ziehen lassen. Dann in ein feines Küchentuch einschlagen und kräftig zusammenpressen, damit alle Flüssigkeit entfernt wird.
In einer Salatschüssel die Crème fraîche, Salz, Pfeffer und gehackte Minze vermischen. Vor dem Servieren den Saft einer halben Zitrone beifügen. Die Gurkenscheiben in die Sauce geben und umrühren.

Variation:
Nehmen Sie einmal Kerbel oder Schnittlauch statt Minze.

Griechischer Salat

400 g kleine Champignons,
300 g Frühlingszwiebeln,
2 Möhren,
½ Zitrone,
12–15 Korianderkörner,
8–10 Pfefferkörner,
1 Kräutersträußchen,
3 EL Tomatenmark,
Salz, Olivenöl,
½ l trockener Weißwein

Die Zwiebeln schälen, ganz lassen. Die Champignons putzen, ebenfalls ganz lassen. Die Möhren schaben und in dünne Scheiben schneiden.
Die Möhren bei milder Hitze in einer Pfanne mit Olivenöl anbraten. Dann Zwiebeln und Champignons zufügen, den Weißwein zugießen, Tomatenmark, Kräutersträußchen, Saft und Schale der halben Zitrone, Pfeffer, Koriander und Salz dazugeben. Aufwallen lassen und 15 Minuten ohne Deckel kochen. Vom Feuer nehmen und abkühlen lassen. In einem tiefen Teller anrichten, etwas Olivenöl darübersprenkeln und sehr kalt servieren.
Dieser Salat schmeckt noch besser, wenn Sie ihn einige Stunden, vielleicht sogar über Nacht ziehen lassen.

Grün-roter Salat

1 schöne Gurke,
2–3 Tomaten,
je nach Größe,
1 grüne Paprikaschote,
Salz, Pfeffer,
1 Zwiebel,
1 Zitrone,
1 oder 2 grüne Peperoni
(nach Belieben)

Die Gemüse putzen.
Die Gurke und die Tomaten schälen, in kleine Würfel schneiden, die Paprikaschote von Kernen befreien, das Fruchtfleisch ebenfalls würfeln. Die Zwiebel und die Peperoni hacken. Alles gut mischen, salzen, pfeffern und mit Zitronensaft anmachen.

Grüne Rohkost

½ Schachtel Kresse,
2 Chicorée,
einige Kopfsalatblätter
(oder Eskariol),
5–6 grüne Kopfkohlblätter
(Spitzkohl, Wirsing),
100 g Feldsalat,
einige Blumenkohlröschen,
1 kleine Gurke,
1 Zwiebel,
½ Zitrone,
1 Knoblauchzehe (nach Belieben),
Schnittlauch,
Salz, Pfeffer, Öl

Salate und Gemüse gründlich waschen. Kopfsalatblätter etwas zerkleinern, Chicorée in Ringe schneiden, Feldsalat und Kresse ganz lassen. Kohl fein hobeln, Blumenkohl in kleine Röschen teilen, die Gurke in Scheiben schneiden. Sie braucht vorher nicht geschält zu werden.
In einer Salatschüssel aus Zitronensaft, Zwiebel, Knoblauch, Salz, Pfeffer, Öl und gehacktem Schnittlauch eine Sauce bereiten. Salate und Gemüse außer dem Blumenkohl hineingeben, gut vermengen. Mit Blumenkohlröschen verzieren.

Jüdischer Salat

1 kg Fleischtomaten,
500 g rote Paprikaschoten,
1 EL Olivenöl,
grobes Salz,
Chilipulver

Die Paprikaschoten über der Gasflamme oder im Backofen rösten, damit sich ihre dünne äußere Haut leichter abziehen läßt. Die Früchte von Kernen befreien, das Fruchtfleisch in Streifen schneiden.
Die Tomaten mit kochendheißem Wasser übergießen, schälen, in Viertel schneiden und die Viertel ausdrücken, um Saft und Kerne zu entfernen.
Die Tomaten in einer Pfanne ohne Fett auf grobem Salz andünsten, damit sie alle Flüssigkeit verlieren. Dann die Paprikastreifen beifügen und weitere 5 bis 10 Minuten auf dem Feuer lassen, mit 1 Prise Chilipulver würzen. Das Öl wird erst nach Ende der Garzeit zugefügt.
Dieser Salat sollte mit viel Öl angemacht werden; man ißt ihn kalt oder lauwarm.

Kichererbsensalat

300 g Kichererbsen,
1 Kräutersträußchen,
2 Zwiebeln,
1 EL Kreuzkümmel (gemahlen),
1 EL gehackte Petersilie,
Öl, Essig,
mit Chilipulver gewürztes Öl,
Salz, Pfeffer

Die Kichererbsen in kaltem Wasser über Nacht einweichen, am nächsten Tag mit Salzwasser, einer Zwiebel und dem Kräutersträußchen kochen.
Abgießen und abkühlen lassen. In eine Schüssel geben und mit Öl, Essig, Salz und Pfeffer würzen. Mit etwas gewürztem Öl aromatisieren. Kreuzkümmel, ½ EL gehackte Petersilie und die kleingewürfelte Zwiebel beifügen. Alles gut vermengen und 1 bis 2 Stunden ziehen lassen. Gekühlt servieren, zuvor noch die restliche gehackte Petersilie darüberstreuen.

Krautsalat

1 mittelgroßer grüner Kopfkohl (Spitzkohl, Wirsing),
1 schöner Apfel (Reinette, Goldparmäne, Kanada),
1 EL Senf (eventuell mehr),
Öl, Essig oder Zitronensaft,
Salz, Pfeffer

Den Kohl waschen, die äußeren Blätter entfernen, den Rest fein hobeln. In einer tiefen Salatschüssel aus Essig oder Zitronensaft, Senf, Salz, Pfeffer und Öl eine gehaltvolle Sauce bereiten. Den Kohl zufügen und untermischen.
Mögen Sie Ihren Krautsalat mit Biß, essen Sie ihn am Tag der Zubereitung, andernfalls lassen Sie ihn über Nacht durchziehen. Vor dem Servieren den geschälten, in dünne Schnitze geschnittenen Apfel zufügen.

Mexikanischer Salat

1 Dose Mais (500 g),
1 rote und 1 grüne Paprikaschote,
1 Dose Palmenherzen (250 g),
etwa 20 schwarze Oliven,
Öl, Essig oder Zitronensaft,
Salz, Pfeffer

In einer Salatschüssel eine Vinaigrette bereiten.
Die abgetropften Maiskörner, die von Kernen befreiten und in Streifen geschnittenen Paprikaschoten, die Palmenherzen und Oliven hineingeben. Gut vermischen und gekühlt servieren.

Möhren auf marokkanische Art

500 g Möhren,
1 Zitrone,
2 Orangen,
1 EL Puderzucker,
1 EL Orangenblütenwasser,
Salz

Die Möhren schälen und fein reiben.
In einer Salatschüssel aus Zitronensaft, einer Messerspitze Salz, Zucker und dem Orangenblütenwasser eine Sauce bereiten. Die Karotten hineingeben und so lange umrühren, bis sie sich mit der Flüssigkeit vollgesogen haben. Die Orangen schälen, in Scheiben schneiden und – bis auf einige Scheiben als Dekoration – vierteln. Unter die Karotten mischen.
Ein leichter, vitaminreicher Salat, der im Sommer delikat erfrischt.

Reissalat mit ›zarten Erbsen‹ (Martinique)

300–400 g Reis,
250 g Möhren,
250 g frische grüne Bohnen,
150 g weiße Rübchen
(Teltower Rübchen),
300 g Kürbis,
¼ Dose Erbsen,
100 g schwarze Oliven,
Öl, Essig,
Senf, Knoblauch,
Salz, Pfeffer

In Martinique heißen grüne Bohnen ›zarte Erbsen‹, danach wurde dieser köstliche Reissalat benannt …
Den Reis waschen, in kaltes Wasser geben und einmal aufkochen lassen. Sobald das Wasser aufwallt, weggießen, den Reis in einem Sieb abtropfen lassen. Dann wieder in einen Topf geben und viermal soviel kaltes Wasser wie Reis zugießen. Die in Scheibchen geschnittenen Möhren, die in 2 bis 3 Stücke zerbrochenen Bohnen, die kleingewürfelten weißen Rübchen und den in Stücke zerteilten Kürbis zufügen. Salzen und bei mittlerer Hitze kochen lassen.
Der Kürbis (in Martinique heißt er ›giromon‹) gibt diesem Gericht eine schöne gelbe Farbe.
Wenn alle Gemüse gar sind, abtropfen und abkühlen lassen.
Vor dem Servieren die Erbsen und die entsteinten schwarzen Oliven untermischen. Eine pikante Vinaigrette mit Knoblauch und Senf bereiten und den Salat damit anmachen.

Rote Bete mit Senfsauce

500 g gekochte rote Bete,
3–4 Petits Suisses,
2 EL süßer Senf,
½ Zitrone,
3 Stengel Petersilie,
1 kleines Stück schwarzer Rettich (ca. 100 g),
Salz, Pfeffer,
Milch (nach Belieben)

Die roten Bete schälen und fein raspeln. Den schwarzen Rettich ebenfalls reiben. In einer Schüssel aus aufgeschlagenen Petits Suisses, Senf, Zitronensaft, Salz, Pfeffer und Rettich eine cremige Sauce bereiten. Falls sie zu dick ist, mit 1–2 EL Milch verdünnen. Die geraspelten roten Bete daruntermischen und das Ganze vor dem Servieren mit gehackter Petersilie bestreuen.

Bunter Reissalat

300 g weißer Reis,
3 Paprikaschoten (rote und grüne),
4 Tomaten,
1 nicht zu reife Banane,
2 Äpfel,
etwa 10 Walnüsse,
Öl, Essig oder Zitronensaft,
Senf, Salz, Pfeffer

Reis in Salzwasser kochen. Währenddessen die Früchte und Gemüse waschen, bei den Paprikaschoten die Kerne entfernen und das Fruchtfleisch in Streifen schneiden, Tomaten, Banane und Äpfel schälen.
Sobald der Reis abgetropft und gut abgekühlt ist, in einer großen Salatschüssel eine Vinaigrette bereiten, mit viel Senf pikant würzen. Erst den Reis, dann die in Scheibchen geschnittene Banane, die in Würfel geteilten Äpfel und Tomaten sowie die Paprikastreifchen und die grobgehackten Nüsse hineingeben. Alles gut mischen und servieren.

Reissalat mit Oliven

300 g gekochter Reis,
2 schöne Tomaten,
1 Paprikaschote,
1 Selleriestange,
12 schwarze Oliven,
12 grüne Oliven,
1 Zwiebel,
1 kleine Dose grüne Bohnen (125 g)
oder frische grüne Bohnen,
1 Zitrone,
1 EL Senf,
Salz, Pfeffer, Öl,
Petersilie

Die Oliven entsteinen, Paprikaschote von den Kernen befreien, das Fruchtfleisch in kleine Stückchen teilen, die Tomaten schälen und würfeln, die Selleriestange in Scheibchen schneiden. Die Zwiebel hacken.
In einer Schüssel aus Zitronensaft, Senf, Salz, Pfeffer und Öl eine gute Sauce bereiten. Den Reis beifügen, gut mischen. Dann die übrigen Zutaten (Oliven, Paprika, Tomaten, Sellerie, Zwiebel, grüne Bohnen) zufügen und erneut mischen. Mit Oliven garniert und mit gehackter Petersilie bestreut servieren.

Rote Rohkost

½ Kopf Rotkohl,
nicht zu groß,
1 kleine rote Bete,
1 Tomate,
4 Möhren,
150 g Champignons,
½ Zitrone,
2 TL Senf,
3 Schalotten,
Salz, Pfeffer, Öl,
frische Petersilie

Die Gemüse putzen. Rotkohl fein hobeln, Möhren und rote Bete raspeln.
Aus Zitronensaft, Senf, Salz, Pfeffer, Öl und den gehackten Schalotten eine Sauce bereiten.
In einer großen, aber nicht zu tiefen Salatschüssel das Kraut, die Möhren und die roten Bete mit der Hälfte der Sauce vermischen. Mit Tomatenachteln und in Scheibchen geschnittenen Champignons hübsch garnieren. Die restliche Sauce vorsichtig darübergießen und das Ganze mit gehackter Petersilie bestreuen.

Türkischer Salat

1 Dose Mais (500 g),
2 Grapefruits,
200 g frische Champignons,
3 Tomaten,
1 große Zwiebel,
1 grüne Peperoni (nach Belieben),
Salz, Pfeffer, Öl,
1 Zitrone,
Petersilie, Schnittlauch, Basilikum

In einer tiefen Salatschüssel aus Öl, Zitronensaft, Salz, Pfeffer und den feingehackten Kräutern eine Sauce bereiten. Den abgetropften Mais, die in Würfel geschnittenen Tomaten und Grapefruits, die in Scheibchen geschnittenen Champignons sowie die feingehackte Peperoni und Zwiebel zufügen. Alles gut vermengen und sehr kühl servieren.

Salat mit Sojabohnen und Mais

1 Dose Mais (250 g),
250 g Sojabohnenkeimlinge,
1 römischer Salat,
1 Stengel frische Minze,
1 Bund Korianderkraut,
Salz, Pfeffer, Öl,
Sojasauce,
süßer Senf,
1 Zitrone

Den Mais abtropfen lassen. Die Sojabohnenkeimlinge, Korianderkraut, Minze und den römischen Salat waschen und ebenfalls abtropfen lassen.

In einer Salatschüssel aus in Zitronensaft verrührtem Senf, Salz, Pfeffer und Öl eine Sauce bereiten. Die zerkleinerten Salatblätter, Sojabohnenkeimlinge und Mais hineingeben, alles gut umrühren. Korianderkrautblättchen und Minze grob hacken, zufügen und noch einmal vermischen. Einige Minzeblättchen nicht hacken, sondern als Dekoration auf den Salat legen.

Variation:
Sie können Korianderkraut und Minze durch 100 g in kleine Würfel geschnittenen Käse (Emmentaler oder Fromage de Comté) ersetzen.

Taboulé (Libanon)

Mindestens 2 Stunden vor dem Servieren zubereiten.

250 g Couscousgrieß,
4 Tomaten,
3 mittelgroße Zwiebeln oder
1 Dutzend Frühlingszwiebeln,
2 Zitronen,
1 Gurke,
12 schwarze entsteinte Oliven,
5 EL Olivenöl,
2 EL gehackte Petersilie,
1 EL frische gehackte Minze,
Salz, Pfeffer

Den Couscousgrieß in eine große Schüssel geben, mit Öl und Zitronensaft gründlich anfeuchten, salzen, pfeffern und gut umrühren.
Die Gurke schälen, Kerne entfernen, das Fruchtfleisch in ganz kleine Würfel schneiden oder fein hacken. Die Tomaten schälen, vierteln, Kerne entfernen, den austretenden Saft in einer Tasse auffangen. Die Tomatenviertel, Zwiebeln und Oliven würfeln. Alles einschließlich Tomatensaft auf den Couscousgrieß geben, gehackte Minze und Petersilie zufügen und gut mischen. Abschmecken und dann an einem kühlen Ort zwei Stunden ziehen lassen.
Von Zeit zu Zeit umrühren, damit sich der Grieß mit Öl, Tomaten-, Zitronen- und Gurkensaft gleichmäßig vollsaugen kann.
Taboulé, verziert mit einigen schwarzen Oliven, Tomatenscheibchen und Minze, serviert man kalt.

Roquefortkugeln

150 g Roquefort,
150 g Butter,
5–6 EL goldbraunes Paniermehl

Roquefort und Butter mit einer Gabel gründlich vermengen, bis eine homogene Masse entsteht. In den Eisschrank oder in einen kühlen Raum stellen, damit die Masse fest wird. Dann mit einem Löffel Portionen abstechen und diese zu walnußgroßen Kugeln formen. Das Paniermehl auf einen Teller geben und die Kugeln darin wälzen.
Die Kugeln pyramidenförmig auf einem Teller anrichten und bis zum Servieren kalt stellen.

Waldorfsalat (England)

1 Bund grüner Stangensellerie,
2 mittelgroße Äpfel,
vorzugsweise etwas hart
und nicht zu süß,
1 Orange,
80 g geschälte Wal- oder
Haselnüsse,
10 cl Crème fraîche,
2 EL Zitronensaft,
1 EL Zucker,
1 TL süßer Senf,
Salz, Pfeffer,
Paprika

Die Nüsse grob hacken. Sellerie putzen, Äpfel waschen und schälen, die Orange ebenfalls schälen, die Schale aufbewahren. In einer Salatschüssel aus Crème fraîche, Salz und Pfeffer nach Geschmack, Zucker, in Zitronensaft verrührtem Senf, 2 bis 3 Messerspitzen Paprika und etwas geriebener Orangenschale eine Sauce bereiten. Mit einer Gabel kräftig durchschlagen, um eine dicke, feste Creme zu erhalten.
Die in kleine Stückchen geschnittene Sellerie, die in Würfel oder Schnitze geteilten Äpfel, die in 4 Teile geschnittenen Orangenspalten und die gehackten Nüsse zufügen. Alles gut vermengen.
Dieser Salat schmeckt sehr erfrischend. Man kann ihn gleich essen oder zuvor kurze Zeit in den Kühlschrank stellen.
Vor dem Servieren mit geriebener Orangenschale bestreuen und mit einigen Walnußhälften oder ganzen Haselnüssen verzieren.

Vorspeisen

Bananenkrapfen mit Ingwer (Togo)

6 reife Bananen,
3 mittelgroße Zwiebeln,
30–40 g frischer Ingwer,
Salz, Chilipulver,
1–2 l Erdnußöl zum Fritieren

Das Bananenfleisch in kleine Würfel schneiden. In einer Schüssel mit den feingehackten Zwiebeln und dem gehackten Ingwer vermischen, mit Salz und Chilipulver würzen.
Wer pikante Speisen mag, kann einen ganzen Eßlöffel Chilipulver zufügen!
Das Öl in einer Friteuse erhitzen. Sobald es heiß ist, die ganze Mischung auf einmal hineingeben: Sie löst sich ganz von alleine in verschieden große Kugeln auf. Etwa ½ Stunde kochen lassen, dann die Krapfen auf einem Tuch oder Küchenpapier abtropfen lassen. Sie schmecken heiß oder kalt und halten sich mehrere Tage lang.

Gemüsebeignets

250 g Weizenmehl
(möglichst frisch gemahlen),
100 g Edelhefe in Flockenform,
1 Knoblauchzehe,
2–3 Zwiebeln,
1 grüne Peperoni,
3 Möhren,
Salz, Pfeffer,
Glutamat, Nelkenpulver,
Thymian, Lorbeerpulver,
Petersilie,
1 Msp Natriumbikarbonat,
1 Msp Hefe,
etwas Milch

Knoblauch und Zwiebel schälen und fein hacken, Peperoni und Petersilie ebenfalls hacken. Die Möhren raspeln.
Aus dem Mehl, ¼ l Wasser und der Hefe einen Teig kneten. Die restlichen Zutaten beifügen, jeweils nur so viel Milch zugießen, daß der Teig die richtige Konsistenz behält: Er soll weich sein, aber dicker als ein Pfannkuchenteig.
In einer Pfanne wie ›Weizenkroketten‹ (siehe Seite 78) anbraten. Die Gemüsebeignets sind jedoch etwas leichter.

Hirseküchlein

200 g Hirse,
Salz,
Gewürze nach Belieben,
Pfannkuchenteig,
Öl zum Fritieren

Die Hirse mit der zweieinhalbfachen Menge Salzwasser und Gewürzen nach Wahl (Thymian, Lorbeer etc.) etwa ¼ Stunde in einem zugedeckten Topf bei schwacher Hitze ausquellen lassen. Nach dem Kochen in eine flache Schüssel geben, die Oberfläche glattstreichen, dann abkühlen lassen. Das kann man schon am Vortag erledigen.
Einen etwas dicklichen Pfannkuchenteig bereiten. Das Fritieröl erhitzen. Den Hirsebrei in etwa 1 cm dicke Streifen schneiden, diese in den Pfannkuchenteig tunken und sogleich in das heiße Fritieröl einlegen. In einigen Minuten goldbraun werden lassen, dann herausnehmen und jedes Stück mit Küchenpapier abtrocknen. Zu diesen Küchlein reicht man Gemüse oder eine pikante Sauce.

Reisbuletten

300 g Naturreis,
50 g Weizen- oder Buchweizenmehl,
2 Zwiebeln,
1–2 Stangen Sellerie,
Salz, Pfeffer,
Thymian oder Rosmarin,
Öl

Zunächst den Naturreis kochen und würzen. Nach dem Abkühlen in eine Schüssel geben, Mehl, die kleingewürfelten Zwiebeln, Selleriestückchen und Thymian oder Rosmarin zufügen. ½ Glas Wasser zugießen und gut mischen. Noch einmal abschmecken. Eine andere Schüssel mit Salzwasser füllen, darin die Hände anfeuchten und dann die Buletten formen. In heißem Öl anbraten und mit einem grünen Salat servieren.

Bulgurbuletten

Statt Naturreis Bulgur nehmen, sonst wie ›Reisbuletten‹ zubereiten.

Buletten aus Getreideflocken

200 g Getreideflocken (Weizen, Gerste, Reis oder gemischt), 2 große Zwiebeln, 2–4 Knoblauchzehen, 1 Bund Petersilie, 1 Zweiglein Estragon oder ein anderes aromatisches Gewürz, 150 g Edelhefe in Flockenform, etwas Mehl (wenn möglich Vollkornmehl), Salz, Pfeffer

Die Flocken mit Wasser gut anfeuchten. Mindestens 1 Stunde, wenn möglich ½ Tag stehen lassen. Kurz vor dem Kochen die Zwiebeln, Petersilie, Knoblauch und Estragon sehr fein hacken oder im Mixer fein pürieren. Mit den Flocken vermischen, dann salzen, pfeffern und die Hefe zufügen. Die Masse mit Mehl andicken, damit sie leicht knetbar wird. Von Hand kleine Buletten formen, etwas flach drücken oder mit einem Suppenlöffel Portionen abstechen. Die Buletten in eine Pfanne mit heißem Öl setzen und auf beiden Seiten goldbraun braten.
Man ißt sie heiß mit Ratatouille oder einer Tomatensauce, gewürzt mit Sojasauce schmecken sie ebenfalls sehr gut, oder man serviert sie kalt und reicht dazu einen Salat.

Möhrenbeignets (Martinique)

2 Stunden vor dem Essen vorzubereiten, für 6 Personen:

250 g Mehl, 4 dl lauwarmes Wasser, 1 EL Öl, 3 große Möhren, 1 mittelgroße Zwiebel, Salz, Pfeffer, Thymianpulver, frische Petersilie oder frischer Kerbel, Fritieröl

Einen Ausbackteig nach Rezept bereiten. Der Teig darf nicht zu flüssig sein. Etwa ½ Stunden ruhen lassen.
Die Möhren schälen und waschen. Raspeln und mit dem Teig vermengen. Salz, Pfeffer, Thymian sowie die feingehackte Zwiebel und den Kerbel zufügen. Noch einmal 1 Stunde ruhen lassen.
Fritieröl erhitzen und die Mischung löffelweise im heißen Fett ausbacken. Vor dem Servieren auf Küchenpapier abtropfen lassen.

Gnocchi mit Tomatensauce

Kartoffeln (man rechnet 2 pro Person), Mehl (1/4 des Gewichts der Kartoffeln), Tomatensauce, 100 g geriebener Käse, Salz

Die Kartoffeln in Salzwasser kochen. Sobald sie gar sind, schälen, dann zerdrücken oder besser noch in der Moulinette pürieren.
2/3 des Mehls über das Püree sieben, leicht salzen und den Teig so lange kneten, bis eine homogene, weiche Masse entstanden ist. Kleine Kugeln (Durchmesser ca. 2 cm) formen.
Wenn Sie die Kugeln leicht mit Mehl bestäubt auf ein trockenes, sauberes Küchentuch setzen, können Sie sie 2 bis 3 Stunden lang stehen lassen. Das Ergebnis schmeckt jedoch besser, wenn Sie sofort weiterarbeiten.
Die Gnocchi, einen nach dem anderen, damit sie nicht aneinander festkleben, in einen großen Topf mit kochendem Salzwasser einlegen. Sobald sie an die Oberfläche steigen, mit einem Schaumlöffel herausnehmen.
In einer tiefen Schüssel anrichten, mit Tomatensauce übergießen und mit geriebenem Käse bestreuen. Sofort servieren. Die Gnocchi müssen gleich gegessen werden, denn sie werden beim Abkühlen hart und bleiben hart, auch wenn man sie noch einmal aufwärmt.

Champignons auf geröstetem Brot

Für 5 Personen:

100 g Butter oder Pflanzenfett,
300 g Champignons,
5 Scheiben Vollkornbrot,
½ Zitrone,
Salz, Pfeffer, Rosmarin,
20 g Mehl oder Maizena

Die Brotscheiben in der Hälfte der Butter auf beiden Seiten goldbraun rösten.
Die in Scheibchen geschnittenen Champignons in der restlichen Butter andünsten. Salzen, pfeffern und mit Zitronensaft und Rosmarin würzen. 5 Minuten bei geringer Hitze kochen lassen, Mehl zufügen, damit die Mischung andickt.
Diese Zubereitung auf die Brotscheiben verteilen und sofort servieren.

Variation:
Statt Zitronensaft kann man auch einen trockenen Weißwein nehmen.

Kartoffelkuchen

10–12 Kartoffeln
(man rechnet 2 pro Person),
60 g geriebener Gruyère,
Öl, Salz,
Pfeffer, Muskatnuß,
Majoran und Bohnenkraut
(Pulver),
Mürbeteig (aus 250 g Mehl)

Es handelt sich nicht um einen Nachtisch, sondern um einen herzhaften Kuchen, der – zusammen mit grünem Salat – eine vollständige Mahlzeit ersetzt.
Eine Kuchenform mit ⅔ des Teiges auslegen. Darauf die in dünne Scheibchen geschnittenen Kartoffeln legen. Salzen und pfeffern, mit geriebener Muskatnuß, Bohnenkraut und Majoran würzen. Ein wenig Öl über die Kartoffeln gießen und zum Schluß mit geriebenem Käse bestreuen. Mit dem Rest des Teiges bedecken, in die Mitte ein Loch stechen, damit während des Backens Dampf entweichen kann.
Bei 230° C 45 Minuten backen.

Lauchtaschen ›boulauni‹ (Afghanistan)

500 g kleine, möglichst zarte Lauchstangen,
400 g Mehl,
½ TL Chilipulver,
Salz, Öl

In einem Gefäß das Mehl mit 1 TL Salz mischen, etwa ¼ l Wasser zugießen und so lange kneten, bis ein fester, elastischer Teig entsteht, der einem Brotteig ähnelt. Ruhen lassen.
Unterdessen die Lauchstangen waschen und in ½ bis maximal 1 cm lange Stücke schneiden. Diese in eine mit Wasser gefüllte Schüssel geben, erneut waschen, dann zwischen den Händen ausdrücken, um möglichst alles Wasser herauszupressen. In eine Schüssel geben und mit Chilipulver und 1 bis 2 TL Salz würzen. Die Lauchstücke zwischen den Fingerspitzen kneten und noch einige Male fest drücken, damit sie weich werden. Dann 1 EL Öl zufügen, gut mischen und stehen lassen. Aus dem Teig etwa walnußgroße Kugeln formen. Mit einem Nudelholz hauchdünn – zur Größe eines Pfannkuchens, etwa 2 mm dick – auswellen. Auf die eine Hälfte etwa 3 bis 4 Löffel Lauch ausbreiten. Den Teigrand mit etwas Wasser anfeuchten, die obere Hälfte über den Lauch klappen, den Rand fest zusammendrücken.
Wenn alle Lauchtaschen soweit vorbereitet sind, Öl in einer Pfanne erhitzen und darin jeweils 1 oder 2 Stück anbraten. Einmal wenden, damit sie auf beiden Seiten bräunen, und sofort sehr heiß servieren.

Maiskroketten

1 Dose Mais (300 g),
100 g Mehl,
Salz, Pfeffer,
Gewürze nach Wunsch,
½ Zitrone,
Öl

Die Maiskörner in einem Sieb abtropfen lassen, die Flüssigkeit auffangen.
Aus Mehl, der Flüssigkeit und einer guten Prise Salz einen Teig bereiten. Notfalls etwas Wasser zugießen: Er sollte die Konsistenz eines dicklichen Pfannkuchenteigs haben. Den Mais in den Teig mischen.
In einer großen Pfanne das Öl erhitzen und kleine Häufchen dieser Zubereitung hineinsetzen. Flachdrücken, damit sie wie rundliche Kroketten aussehen. Goldbraun werden lassen, dann umwenden. Der Teig muß auf beiden Seiten völlig gar sein, die Maiskörner dürfen an den Rändern ruhig etwas braun werden.
Die Kroketten herausnehmen und auf Küchenpapier setzen. Pfeffern, mit einem beliebigen Gewürz (Paprika, Chilipulver, Kreuzkümmel) bestreuen, zum Schluß noch etwas Zitronensaft darübersprenkeln. Heiß servieren.
Maiskroketten passen ausgezeichnet zu grünem Salat.

Gebratener Tofu ›age dashi‹ (Japan)

Ca. 700 g Tofu (Sojaquark, erhältlich in China-, Vietnam- oder Japanläden),
50 g Mehl (Reismehl, wenn möglich),
Öl, Salz, Sojasauce

Auf die Tofupäckchen ein Küchenbrett legen und ca. 3 Stunden mit einem Gewicht (z. B. 2 Konservendosen) beschweren. Damit erreicht man, daß das Wasser herausgepreßt wird.
Den so vorbereiteten Tofu in kleine, rechteckige Würfel von 1 bis 2 cm Dicke schneiden. Diese leicht bemehlen und auf 2 Seiten in sehr heißem Öl in einer Pfanne braten.
Sobald sie eine goldgelbe oder hellbraune Farbe angenommen haben, mit einem Schaumlöffel aus der Pfanne nehmen. Mit etwas Salz und Sojasauce essen.

Anmerkung:
Gebratener Tofu ist sehr proteinreich. Sie können ihn auch mit einer süß-sauren Sauce essen oder ihn zu verschiedenen Suppen und Gemüsezubereitungen servieren.

Pfannkuchen mit Möhren gefüllt

8–12 Pfannkuchen,
6 Möhren,
4 Zwiebeln,
Thymian, Lorbeerblatt,
Öl,
½ Glas Vollkornmehl,
1½ Gläser Milch,
Salz, Pfeffer,
50 g geriebener Gruyère oder gemahlene Sesamsamen

Die Pfannkuchen bereiten, warm stellen.
Die Möhren putzen, in Scheibchen schneiden. Die Zwiebeln schälen und hacken.
In etwas Öl die Zwiebeln goldgelb dünsten, Möhren, Salz, Thymian und Lorbeer beifügen, ½ bis 1 Glas heißes Wasser zugießen. Zugedeckt 20 bis 30 Minuten bei schwacher Hitze köcheln lassen. Unterdessen das Mehl leicht anrösten. Abkühlen lassen, dann die kalte Milch zugießen und bei ständigem Umrühren zum Kochen

bringen. Salzen, pfeffern und zum Schluß den geriebenen Käse oder die gemahlenen Sesamsamen zufügen. Die Möhren mit der Béchamelsauce vermengen, je 2 Löffel der Mischung auf einen Pfannkuchen setzen und diesen aufrollen.

Pfannkuchen, mit Champignons gefüllt

Für 4 Personen:

8–12 Pfannkuchen,
300 g Champignons,
1 große Zwiebel,
3 Knoblauchzehen,
250 g Weizen- oder Sojabohnenkeime,
1 EL Crème fraîche,
1 TL Zitronensaft,
1–2 EL Öl,
Salz, Pfeffer,
Currypulver,
Petersilie, Thymian,
Tamarisauce,
einige Kopfsalatblätter (nach Belieben)

Die Pfannkuchen aus Weizen- oder Buchweizenmehl bereiten, warm stellen.
Die Champignons in dünne Scheibchen schneiden, in Öl andünsten, dann die feingehackte Zwiebel, Knoblauch und Petersilie zufügen, mit Thymian, Salz, Pfeffer und Currypulver würzen. Etwa 10 Minuten bei milder Hitze köcheln lassen.
In einer zweiten Pfanne die Weizen- oder Sojabohnenkeime mit Wasser aufsetzen. Wenn alle Flüssigkeit verdunstet ist, die Champignons beifügen. Crème fraîche und Zitronensaft zugießen.
Die Pfannkuchen mit dieser Mischung füllen, aufrollen und auf einer mit Kopfsalatblättern ausgelegten Platte anrichten. Dazu reicht man Tamarisauce.

Weizenkroketten

Für 4 Personen:
250 g Vollweizenmehl,
vorzugsweise frisch gemahlen,
5 EL Edelhefe in Flockenform,
2 Zwiebeln,
2–3 Schalotten,
1 Bund Petersilie,
Salz, Öl

Das Mehl mit ¼ l Wasser anrühren, die Hefe zufügen, salzen. Der Teig sollte ziemlich dicklich sein. Die Zwiebeln und die Schalotten schälen, zusammen mit der Petersilie hacken, die Mischung in den Teig einarbeiten.
In einer Pfanne das Öl erhitzen, kleine Teighäufchen hineinsetzen, flach drücken, damit sie Kroketten ähnlich sehen. Sobald sie auf beiden Seiten schön gebräunt sind, herausnehmen.
Die Kroketten auf ein Küchentuch oder Küchenpapier setzen, damit überschüssiges Fett aufgesaugt wird. Mit einem grünen Salat servieren.

Lauchkuchen

750 g Lauch,
ungefähr 200 g Möhren
(1 Möhre pro 4 Lauchstangen),
100 g geriebener Gruyère
(nach Belieben),
Salz, Pfeffer, Thymian,
Lorbeerblatt, Öl,
Mürbeteig (zubereitet aus
250 g Mehl)
einige geröstete Brotstückchen

Die Gemüse putzen, Lauch in 1 bis 2 cm lange Stücke schneiden, Möhren klein würfeln.
In etwas Öl zunächst das Grüne der Lauchstangen, dann das Weiße und zum Schluß die Möhren andünsten. Salzen, pfeffern, die Gewürze zufügen und etwas Wasser zugießen: insgesamt 1 bis 1½ Glas. Deckel auflegen und bei schwacher Hitze ca. 20 Minuten lang kochen lassen.
Nach Ende der Kochzeit die gerösteten Brotstückchen und den geriebenen Käse beifügen, noch einmal abschmecken und den Belag auf dem Kuchenboden ausbreiten.
Bei mittlerer Hitze (230° C) etwa 30 Minuten backen.

Pâté aus Champignons

1 kg Champignons (die Pâté schmeckt noch besser, wenn Sie eine Mischung aus Champignons, Steinpilzen und Pfifferlingen nehmen. Getrocknete Steinpilze und Pfifferlinge müssen zuvor eingeweicht werden),
500–600 g altbackenes Vollkornbrot,
1 l Milch,
200 g entsteinte schwarze Oliven,
750 g Zwiebeln,
1 Dutzend Knoblauchzehen,
frische Petersilie,
1–2 EL Herbes de Provence (Thymian, Bohnenkraut, Rosmarin),
Salz, Pfeffer,
Chilipulver (nach Belieben),
100 g Edelhefe in Flockenform,
ca. 10 EL Öl

Das Brot zerkrümeln und in der Milch einweichen. Inzwischen Zwiebeln, Champignons, Knoblauch, Petersilie und die Oliven hacken.
Etwas Öl in einem Schmortopf erhitzen und bei großer Flamme zunächst die Zwiebeln dünsten. Sobald sie eine hellgelbe Farbe angenommen haben, die Pilze, Knoblauch und die Petersilie zufügen. Salzen und pfeffern, nach Belieben mit den Herbes de Provence und dem Chilipulver würzen. Wenn alles gut angedünstet ist, die schwarzen Oliven und das eingeweichte Brot dazugeben. Alles im Mixer pürieren. Falls Sie keinen Mixer besitzen, treiben Sie die Mischung durch eine Gemüsemühle. Danach wieder in den Schmortopf geben. Bei schwacher Hitze so lange kochen lassen, bis die Mischung genügend andickt: Die Milch sollte völlig verdampfen.
Am Ende der Kochzeit die Hefe einarbeiten, danach die Masse in eine ofenfeste Schüssel oder Pastetenform füllen. Die Oberfläche glätten und mit einer Gabel hübsche Muster einritzen. Mit einer dünnen Schicht Öl bedecken. Im Ofen bei mittlerer Hitze ungefähr 40 Minuten backen.
Diese Pâté hält sich im Kühlschrank mindestens 1 Woche.

Vegetarische Pâté (Grundrezept)

250 g altbackenes Vollkornbrot,
5 große Zwiebeln,
3 oder mehr Knoblauchzehen,
100 g Pflanzenfett,
Salz, Pfeffer,
100 g Edelhefe in Flockenform,
1–3 EL Basilikumpulver
(nach Geschmack),
4 Gläser heißes Wasser

Das Brot in heißem Wasser einweichen. Vorsicht, nicht zuviel Wasser nehmen.
Inzwischen das Fett in einer Pfanne zergehen lassen, die in Scheiben geschnittenen Zwiebeln, den zerdrückten Knoblauch, Salz, Pfeffer und Basilikum hineingeben und bei ganz schwacher Hitze andünsten lassen. Den Deckel auf den Topf geben und etwa 1 Stunde kochen lassen. Die Hitze darf auf keinen Fall zu stark werden, die Zwiebeln sollen goldbraun sein, nicht verbrennen.
Vom Feuer nehmen, die Mischung, falls nötig, in einen größeren Topf füllen, das Brot beifügen. Etwa ¼ Stunde auf großer Flamme kochen, dabei ständig umrühren.
Vom Feuer nehmen und die Hefe zugeben, gut vermengen. Die Mischung durch eine Gemüsemühle treiben, in eine Salatschüssel oder Tonform geben. Die Oberfläche dünn mit Öl bedecken.
Die abgekühlte Pâté sofort in den Kühlschrank stellen, wo man sie mehrere Tage lang aufbewahren kann.
Auf einem Bett von Salatblättern anrichten, die Oberfläche mit schwarzen Oliven und Minze hübsch verzieren.

Vegetarische Pâté mit Möhren

Nach dem Grundrezept vorgehen, mit den Zwiebeln 250 g geraspelte Möhren kochen. Basilikum durch Muskat oder gemahlenen Koriander ersetzen, mit Thymian, Rosmarin oder Majoran würzen, 1 Lorbeerblatt zufügen (bevor Sie die Mischung durch die Gemüsemühle treiben, wieder entfernen).
Mit schwarzen Oliven und rohen, geraspelten Karotten verzieren.

Vegetarische Pâté mit Tomaten

Nach dem Grundrezept vorgehen. Wenn Sie die Zwiebeln und das eingeweichte Brot vermischen, zusätzlich 1 kleine Dose Tomatenmark beifügen. Nicht mehr salzen.

Pissaladière (Nizza)

500 g Brotteig,
750 g Zwiebeln,
12 schwarze Oliven,
Salz, Pfeffer,
1 Glas Olivenöl

Die Zwiebeln schälen, in Ringe schneiden und in einer Pfanne mit Olivenöl bei schwacher Hitze etwas Farbe nehmen lassen. Mit Salz und Pfeffer würzen.
Ein Kuchenblech mit Teig auslegen, darauf die Zwiebeln ausbreiten. Mit schwarzen Oliven dekorieren, ein paar Spritzer Öl darübergeben.
Im heißen Ofen 15 bis 20 Minuten backen lassen, der Teig soll eine goldgelbe Farbe annehmen.

Variation:
Dieselben Zutaten und zusätzlich 3 Tomaten und Oregano. Nachdem die Zwiebeln auf dem Teig verteilt sind, die in Scheiben geschnittenen Tomaten darauf verteilen, mit Oregano überpudern. Mit Oliven dekorieren und wie oben angegeben backen.
Diese Abwandlung erinnert ein wenig an Pizza, auf einer ›richtigen Pissaladière‹ findet man keine Tomaten.

Pizza

Der Teig:
Sie können eine fertige Backmischung kaufen, eventuell den Teig beim Bäcker besorgen oder Sie machen ihn selbst nach einem der folgenden Rezepte:

Rezept Nr. 1:
400 g Mehl,
12 TL Erdnußöl (oder ein beliebiges Öl),
10 cl Wasser,
Salz

Das Mehl in eine Schüssel sieben, 2 gute Prisen Salz beifügen. Mit einer Gabel vermengen. In die Mitte eine Vertiefung machen, in diese ³/₄ des Öls und des Wassers gießen. Vorsichtig mit einer Gabel vermischen, dabei allmählich das restliche Öl zugießen und, falls notwendig, das übrige Wasser. Zum Schluß den Teig von Hand durchkneten, aber nur ganz kurz, damit er nicht hart wird. Eine Kugel formen, in eine Schüssel setzen und mit einem Tuch bedecken.
Man kann diesen Teig sofort verwenden, er wird jedoch noch besser, wenn man ihm eine ›tour‹ gibt. Dazu läßt man ihn zunächst 5 bis 10 Minuten ruhen, drückt ihn dann (mit den Händen oder einem Wellholz) etwa 10 Minuten lang flach und legt ihn, ohne ihn zu kneten, wieder in die Schüssel zurück. Dort läßt man ihn wiederum einige Minuten zugedeckt ruhen. Auswellen und auf einer leicht geölten Kuchenform ausbreiten, mit einer Gabel Löcher in den Boden stechen.
Diesen Teig kann man für alle möglichen salzigen Kuchen verwenden. Im Kühlschrank hält er sich – gut eingepackt – 24 Stunden. Danach ist er allerdings etwas fest zum Auswellen.

Rezept Nr. 2:

500 g Mehl,
200 g weiches Pflanzenfett,
1 Glas Wasser,
Salz, Muskatnuß

Das Mehl mit dem Salz und geriebener Muskatnuß in einer Schüssel vermengen, flöckchenweise das Fett einarbeiten und das Wasser zugießen. Alles gut verkneten, auswellen und auf einer Kuchenform ausbreiten.
Den Teig vor dem Belegen mit einer Gabel einstechen.

Belag:

6 reife Tomaten,
2 Zwiebeln,
1 Paprika,
50 g Pflanzenfett oder Öl,
Salz, Pfeffer,
Thymian,
Majoran oder Basilikum

Eine dicke Tomatensauce bereiten. Dazu die gehackten Zwiebeln, die in Streifen geschnittene Paprika und die geschälten und in Würfel geteilten Tomaten im Fett andünsten. Salz, Pfeffer und Kräuter nach Wahl zufügen. Bei milder Hitze ½ Stunde kochen lassen.
Diese Sauce auf den Teig streichen und im sehr heißen Ofen ca. 1 Stunde backen.

Variation:
Lassen Sie Ihrer Fantasie freien Lauf. Sie können die Pizza zum Beispiel auch mit rohen, in Scheiben geschnittenen Tomaten garnieren: Auf einer dicken Schicht geriebenem Käse (Gruyère oder Cantal) ausbreiten, kräftig salzen und pfeffern. Mit Knoblauch, gehackter Petersilie und Basilikum, Thymian und Majoran würzen. Mit einigen schwarzen Oliven verzieren, eventuell auch noch mit ein wenig geriebenem Käse. Nach Geschmack und Laune verwenden Sie außerdem: dicke Zwiebelscheiben, Artischockenherzen, Pilze etc., mit Oregano, Thymian, Majoran, Chilipulver oder Kapern würzen.

Torte nach Elsässer Art

Mürbeteig (aus 250 g Mehl zubereitet),
1 kg Zwiebeln,
10 cl Crème fraîche,
1 Glas trockener Weißwein (möglichst Elsässer),
125 g Butter,
Mehl, Salz, Pfeffer

Den Teig zubereiten, eine Kuchenform damit auslegen.
Die Zwiebeln schälen, hacken und in wenig trockenem Weißwein kochen. Sie sollen gerade so feucht sein, daß sie nicht anbrennen. Wenn nötig, etwas Wasser nachgießen. Salzen, pfeffern. Sobald die Zwiebeln gar sind, die Butter zufügen und noch ein paar Minuten auf dem Feuer lassen. Dann von der Herdplatte nehmen, mit etwas Mehl andicken, 1–2 cl Crème fraîche dazugeben, um eine mäßig dicke Masse zu erhalten.
Abschmecken und auf dem Kuchenboden ausbreiten. Die restliche Crème fraîche darauf verteilen und im Backofen bei mittlerer Hitze etwa ½ Stunde backen. Die Elsässer Torte sollte eine hübsche braune Farbe annehmen.

Quiche mit Zwiebeln und Champignons

Belag:
300 g Champignons,
2 große Zwiebeln,
50 g Butter oder Pflanzenfett,
¾ l Milch,
50 g Mehl oder Maizena,
50 g geriebener Gruyère,
Salz, Pfeffer, Muskat,
Thymian- und Rosmarinpulver

Die Zwiebeln schälen, die Champignons putzen, beides in Scheiben schneiden und in Butter andünsten. Salzen, pfeffern, mit Thymian und Rosmarin würzen, dann bei geringer Hitze 15 bis 20 Minuten köcheln lassen.
In der Zwischenzeit aus Milch und Mehl eine dicke Béchamelsauce bereiten, zum Schluß den geriebenen Gruyère einarbeiten. Mit Salz, Pfeffer und einer Messerspitze Muskat abschmecken. Danach die Béchamelsauce mit der Zwiebel-Champignons-Mischung vermengen.

Teig:

500 g Weizenmehl oder eine Mischung aus 400 g Weizen- und 100 g Buchweizenmehl,
150 g Butter oder Pflanzenfett, Salz, Muskat

In einer Schüssel aus Mehl, einer Messerspitze Salz, etwas Muskat, einem kleinen Glas lauwarmem Wasser und der weichen Butter einen Teig bereiten. Alles gut verkneten, ausrollen, in eine Kuchenform legen, den Boden des Kuchens einige Male mit einer Gabel einstechen.
Den Belag daraufgeben und im heißen Ofen ungefähr 1 Stunde backen.

Frühlingsrollen (China)

6 Reismehlpfannkuchen (gibt es abgepackt in China- und Vietnamläden),
6 Kopfsalatblätter,
100 g Sojabohnenkeimlinge,
1–2 Möhren,
12 Erdnüsse,
50 g Sojamehlnudeln,
Sojasauce,
1 kleines Bund frisches Korianderkraut

Die getrockneten Reismehlpfannkuchen zwischen zwei feuchte Küchentücher legen. So lange liegen lassen, bis sie weich genug sind, um beim Aufrollen nicht mehr zu zerbrechen. In der Zwischenzeit die Sojamehlnudeln in Salzwasser kochen. Die Sojabohnenkeimlinge waschen und abtropfen lassen. Die Kopfsalatblätter waschen und vorsichtig abtrocknen. Die Möhren schrappen und fein raspeln, die Erdnüsse mahlen. Auf jeden Reispfannkuchen gibt man 1 Salatblatt, darauf Nudeln, einige Sojabohnenkeimlinge, 1 Löffel geraspelte Möhren. Alles mit gemahlenen Erdnüssen und etwas gehacktem Korianderkraut bestreuen.
Die Pfannkuchen aufrollen, die beiden Enden nach innen klappen. Auf einem Teller anrichten, mit Korianderkraut garnieren. Dazu Sojasauce oder beliebige andere scharfe Saucen reichen.

Suppen

Kerbelcremesuppe

6 Kartoffeln,
1 Bund Kerbel,
½ l Milch,
Salz, Pfeffer,
Crème fraîche,
in Butter geröstete Brotwürfelchen

Den Kerbel waschen, die Kartoffeln schälen und in Würfel schneiden. Die Milch zusammen mit ½ l Wasser erhitzen. Die Kartoffeln hineingeben und ½ Stunde kochen lassen. Salzen und pfeffern. 10 Minuten vor Ende der Kochzeit die kleingeschnittenen Kerbelblättchen zufügen. Wer mag, kann die Suppe durch ein Sieb passieren. Kurz vor dem Servieren mit ein wenig Crème fraîche verfeinern und mit den gerösteten Brotwürfelchen garnieren.

Kressecremesuppe

1 Bund Kresse,
2–3 Zwiebeln,
60 g Butter,
¾ l Milch,
2 TL Mehl,
10 cl Crème fraîche,
1 EL Pfeilwurzmehl,
Salz, Pfeffer,
Croûtons (nach Belieben)

Kresse waschen, die Stiele entfernen. Die Blättchen zusammen mit den Zwiebeln hacken. In einem Topf die Butter schmelzen lassen, gehackte Zwiebeln und Kresse zufügen. Deckel auflegen und bei niedriger Hitze 10 Minuten kochen lassen.

Die Milch mit ¼ l Wasser verdünnen, zum Kochen bringen. Die Kresse-Zwiebel-Mischung vom Feuer nehmen, Mehl hineingeben und unterrühren, salzen, pfeffern und die Milch in kleinen Mengen zugießen. Wieder auf die Platte stellen und 15 Minuten kochen lassen.

In einer Schüssel die Crème fraîche, das Pfeilwurzmehl, ein Löffel Milch und 2 TL heiße Suppe vermischen. Diese Zubereitung in dünnem Strahl in die kochende Suppe gießen, dabei ständig umrühren. Die Kressecremesuppe mit Croûtons bestreut servieren.

Bohnensuppe

300 g dicke Bohnen (enthülst),
1 Zweig Bohnenkraut,
4 EL Crème fraîche,
Salz, Pfeffer,
Kräuter,
1 l Wasser oder Bohnenkrautsud

Die Bohnen in Salzwasser mit einem Zweig Bohnenkraut aufsetzen. 20 bis 30 Minuten kochen lassen. Das Bohnenkraut entfernen, die Bohnen mit dem Kochwasser pürieren. Pfeffern, Crème fraîche zugießen und mit gehackten Kräutern bestreut servieren.

Gemüsesuppe

250 g weiße Bohnen (enthülst),
150 g frische dicke Bohnen, enthülst (oder nur 250 g von der einen oder der anderen Sorte),
1 große Zwiebel,
4 Möhren,
1 kleiner Kohlkopf,
4 Lauchstangen,
4 große Kartoffeln,
1 weiße Rübe (Teltower Rübchen),
4 Knoblauchzehen,
2 EL Erdnußöl,
Salz, Pfeffer,
Thymian, Rosmarin,
1 Zweiglein Basilikum,
1 EL Tomatenmark (nach Belieben)

In Öl die kleingewürfelte Zwiebel andünsten, dann die in Scheibchen geschnittenen Möhren, den in Stückchen geteilten Kohlkopf, die in etwa 1 cm lange Stücke geschnittenen Lauchstangen, die gewürfelten Kartoffeln und weiße Rübe, die weißen Bohnen und die dicken Bohnen – wenn sie gerade frisch erhältlich sind – zufügen. 2 l Wasser zugießen, salzen, pfeffern, mit Thymian und Rosmarin würzen und auf kleiner Flamme 1 Stunde köcheln lassen. Gegen Ende der Kochzeit das Basilikum, die ganzen Knoblauchzehen und nach Belieben das Tomatenmark beifügen.
Diese Suppe ist sehr sättigend. Sie ersetzt eine ganze Mahlzeit.

Scharfe Suppe mit Ananas

1 mittelgroße, reife Ananas (1–1,3 kg),
15 g frischer Ingwer,
1 große Zwiebel,
3 EL Essig,
3–4 EL Sojasauce,
1–2 EL Zucker,
2 kleine getrocknete Chilischoten,
2 EL Mehl oder Maizena,
½ TL Salz,
½ TL schwarzer Pfeffer,
2 EL Öl

Die Zwiebel schälen und fein hacken.
Ingwer und Ananas vor dem Schälen gründlich waschen, ihre Schalen in 1 l heißes Wasser geben und 5 bis 7 Minuten sprudelnd kochen lassen. Durch ein Sieb gießen, den Sud beiseite stellen. Den Ingwer kleinschneiden, 2 Scheiben Ananas fein hacken, das übrige Fruchtfleisch in Würfel teilen.
In einem Schmortopf das Öl erhitzen und, sobald es sehr heiß ist, darin die Chilischoten, die Zwiebel, den Ingwer und die feingehackte Ananas 5 Minuten anbraten; dabei ständig umrühren. Dann den Essig, die Sojasauce, 1 EL Zucker (2, wenn die Ananas nicht besonders süß ist), Salz und Pfeffer zufügen. Weiterrühren und kurz danach die Ananaswürfel samt eventuell ausgetretenem Saft in den Topf geben. Das Mehl in ein wenig Wasser auflösen, beifügen, dann mit dem Sud aus Ananas- und Ingwerschalen aufgießen. Notfalls noch mit heißem Wasser auffüllen, um die gewünschte Menge zu erhalten.
Zum Kochen bringen, 5 Minuten köcheln lassen, dann sofort servieren.

›Kari‹ mit Koriander ›gujerati kari‹ (Indien)

Für 4 Personen:
4 Becher Joghurt
(rechnen Sie pro Person 1 Becher Joghurt und 2½ Becher Wasser),
1 EL Zucker,
1 EL Salz,
1 gestrichener EL Curcuma,
4 EL Kichererbsenmehl,
2 Bund frisches Korianderkraut,
1 TL gemahlener Koriander,
½ TL Asafoetida (Teufelsdreck),
2 TL Kümmel (ganz),
1½ TL Bockshornklee,
5–6 getrocknete Curryblätter (oder 1 Lorbeerblatt),
1–3 kleine grüne Peperoni oder 2 getrocknete Chilischoten,
20–30 g Butter oder 3 EL Öl

Das Korianderkraut gründlich waschen, entstielen, nur die Blätter benutzen.
In einer Salatschüssel die Joghurts mit der 2½fachen Menge Wasser verdünnen: also auf 4 Becher Joghurt 10 Becher Wasser nehmen. Die Becher nicht bis zum Rand füllen, lieber etwas weniger Wasser nehmen als zuviel. Anschließend Zucker, Kichererbsenmehl – vorher in wenig Wasser auflösen, um Klümpchen zu verhindern –, Salz und Curcuma dazugeben und gut verrühren. Es soll eine homogene Creme entstehen.
Korianderkraut und die in hauchdünne Ringe geschnittenen Peperoni zufügen.
Die Butter in einem Schmortopf schmelzen lassen. Sobald sie heiß ist, zuerst den Kümmel, dann die Bockshornkleesamen (und die Chilischoten, falls sie keine Peperoni kaufen konnten) hineingeben. Leicht anrösten lassen, Asafoetida und gemahlenen Koriander zufügen, dabei ständig mit einem Holzlöffel umrühren, um zu verhindern, daß die Mischung anbrennt.
Dann die Joghurtcreme zufügen, bei milder Hitze 4 bis 5 Minuten kochen lassen und servieren.

›Kari‹ mit Kerbel

Wie ›Kari mit Koriander‹ zubereiten, doch statt Korianderkraut Kerbel nehmen. Er ist einfacher aufzutreiben und entspricht auch mehr unserem Geschmack.

Grüne Suppe

Für 4 Personen:
5 Mangoldblätter oder
300 g Rettichkraut,
1 Selleriestange,
1 Stange Lauch,
1 schöne Zwiebel,
3 Knoblauchzehen,
3 EL Sojasauce,
1 nußgroßes Stück Butter,
1½ l Wasser oder Gemüsebrühe,
1 EL Haferflocken
(nach Belieben)

Die Gemüse putzen und sehr fein hacken. In einer Kasserolle die Butter schmelzen lassen, die gehackten Gemüse hineingeben. Bei ständigem Umrühren 3 Minuten andünsten lassen. Dann die Sojasauce zufügen und nach und nach mit Wasser oder Brühe auffüllen. 10 Minuten bei mittlerer Hitze kochen lassen.

Variation:
Um die Suppe ›samtiger‹ zu machen, gleichzeitig mit der Sojasauce 1 Löffel Haferflocken zufügen. Kochen wie oben beschrieben, aber vor dem Servieren im Mixer pürieren.

Spargelcremesuppe

1 kg Spargel,
1 Zwiebel,
1 EL Mehl,
1 EL Öl
(vorzugsweise Erdnuß- oder Sesamöl),
Salz, Pfeffer,
Muskat, Croûtons

Die zuvor geschälten Spargel 10 Minuten in sprudelndem Wasser kochen. Salzen. Die Spargelspitzen abschneiden, zur Seite legen. Die Stangen durch eine Gemüsemühle treiben, mit dem Kochwasser verdünnen, damit ein Püree entsteht. In Öl die feingewürfelte Zwiebel andünsten. Sobald sie eine hellgelbe Farbe angenommen hat, das Mehl zufügen. Das Spargelpüree langsam daraufgießen, mit Salz, Pfeffer und Muskat abschmecken. Bei schwacher Hitze 10 Minuten köcheln lassen. Kurz vor dem Servieren die Spargelspitzen und die Croûtons (geröstete Brotwürfelchen) in die Suppe geben.

Rosmarinsuppe

1 Zweiglein Rosmarin,
1 Zweiglein Thymian,
1 Zweiglein Salbei,
6 Knoblauchzehen,
altbackenes Brot,
Edelhefe in Flockenform,
Soja- oder Tamarisauce,
Pfeffer

Die Kräuter und die zerdrückten Knoblauchzehen in 1 l Wasser ¼ Stunde kochen lassen.
Altbackenes Brot in Würfel schneiden, auf Suppentellern verteilen. Die Brühe seihen und auf die Brotwürfel gießen. Pfeffern, mit Hefe bestreuen und mit Soja- oder Tamarisauce abschmecken.

Variation:
Ersetzen Sie die Sojasauce durch 1 Stich Butter (oder etwas Öl). Dann aber das Salzen nicht vergessen. Oder geben Sie geriebenen Käse auf das Brot – natürlich bevor Sie die Brühe in die Teller gießen. Mit wenig Hefe bestreuen.

›Die Suppe der Einheimischen‹ (Martinique)

Für 6 Personen:
500 g Spinat,
500 g Kürbis,
1 Gurke,
1 kleiner grüner Kopfkohl,
1 Kartoffel,
1 Stange Sellerie,
4 Knoblauchzehen,
20 g Butter,
Salz, Pfeffer

Das Gemüse putzen. Die Gurke und die Kartoffel schälen, in größere Stücke teilen, ebenso den Kohl und den Kürbis, der zuvor von Haut und Kernen befreit wurde. Zusammen mit dem Spinat, der Sellerie und den geschälten und halbierten Knoblauchzehen in 2 l Wasser zum Kochen bringen.
Ungefähr 40 Minuten kochen lassen, dann durch die Gemüsemühle treiben oder im Mixer pürieren. Salzen, pfeffern, ein wenig Butter zufügen und noch weitere 20 Minuten bei geringer Hitze kochen lassen. Heiß servieren.

Zwiebelsuppe

4–6 Zwiebeln,
1 Knoblauchzehe,
60 g Butter,
3 EL Öl,
1 EL Mehl,
80 g geriebener Käse,
Croûtons oder
Weißbrotscheiben,
Salz, Pfeffer

Die Zwiebeln und den Knoblauch hacken und in einer Mischung aus Butter und Öl andünsten. Sobald die Zwiebeln weich sind, das Mehl beigeben, untermischen, dann auf einmal ungefähr 1 l kaltes Wasser zugießen. Umrühren und zum Kochen bringen.
Im Mixer pürieren.
Die Suppe mit Käse und Croûtons bestreut servieren.
Oder in ofenfeste Suppentassen gießen, in jede Tasse eine mit geriebenem Käse bestreute Brotscheibe geben und im heißen Ofen überbacken.

Samtsuppe mit Kürbis

1 kg Kürbis,
2 Zwiebeln,
4–5 Knoblauchzehen,
1 EL Pflanzenfett oder Butter,
4 EL Buchweizen- oder
Hirsemehl (makrobiotisch),
Sojasauce (oder Tamarisauce),
Salz, Croûtons (nach Belieben)

Den Kürbis in Würfel schneiden, Zwiebeln und Knoblauchzehen fein hacken.
Alles zusammen in einem Topf in Pflanzenfett goldgelb werden lassen. Wenn das Gemüse beinahe gar ist, 1 Tasse Wasser zugießen und kochen lassen.
In der Zwischenzeit das Mehl mit etwas kaltem Wasser (1 Tasse) auflösen, zum Kochen bringen, dabei ständig umrühren. Es muß von Beginn der Kochzeit an gerechnet 15 Minuten kochen. Anschließend auf den Kürbis gießen, gut umrühren und einige Minuten kochen lassen. Falls nötig, Wasser oder Milch zugießen. Nur sehr schwach salzen. Vom Feuer nehmen und im Mixer pürieren.
Mit 1 oder 2 EL Sojasauce oder Tamarisauce abschmecken und mit Croûtons bestreut servieren.

Suppe aus Rettichkraut

Wie ›Samtsuppe mit Kürbis‹ zubereiten, statt Kürbis jedoch 2 Bund Rettichkraut nehmen. Es sollte ganz frisch und grün sein.

Schnelle Tomatensuppe

3 ganze reife Tomaten oder 3 TL Tomatenmark,
1 große Zwiebel,
1 Knoblauchzehe,
1 EL Olivenöl,
1 Zweiglein Thymian oder Rosmarin,
1 Zweig Ysop,
5–6 EL Fadennudeln, Sago oder Grieß (nach Belieben),
Salz,
Pfeffer oder Chilipulver,
Bouzou (nach Belieben)

Die in Scheiben geschnittene Zwiebel und die Knoblauchzehe in Öl andünsten. Geschälte und in Würfel geschnittene Tomaten oder Tomatenmark zufügen. Mit Salz, Pfeffer oder einer Messerspitze Chilipulver würzen, die Kräuter beifügen. 1 l Wasser zugießen.
5 bis 10 Minuten bei schwacher Hitze köcheln lassen, dann Fadennudeln, Sago oder Grieß hineingeben. Wenn die Suppe zu säuerlich ist, mit zuvor in Wasser aufgelöstem Bouzou süßen.

Kichererbsensuppe

1 kg Kichererbsen (gekocht) oder 1 Dose Kichererbsen von 1 kg,
6 Tomaten,
3 Zwiebeln,
1–2 Knoblauchzehen,
Salz, Pfeffer,
Koriander,
Herbes de Provence: Bohnenkraut, Rosmarin, Thymian, Quendel . . .
nach Belieben: 1½ l Salbeisud

Die Tomaten häuten, in Stückchen schneiden. Knoblauch und Zwiebeln schälen, kleinhacken. Alle Zutaten in einen Topf geben, nach Geschmack würzen, mit lauwarmem Wasser oder besser noch mit Salbeisud auffüllen: Letzteres gibt der Suppe noch mehr Aroma. Auf kleiner Flamme 1 Stunde köcheln lassen.

›Plain water rasam‹ (Südindien)

1 Stück Tamarinde (von der Größe einer Haselnuß),
10 Knoblauchzehen (ungeschält),
10 getrocknete Curryblätter oder 3 Lorbeerblätter,
1 getrocknete Chilischote,
3 Stengel Korianderkraut (nach Belieben),
¾ TL Salz,
¾ TL schwarzer Pfeffer,
¾ TL gemahlener Kümmel oder Kreuzkümmel,
½ TL Senfkörner,
5 g Butter oder 1 TL Öl,
1 TL rote Linsen

In drei großen Tassen lauwarmem Wasser die Tamarinde und die grobgehackten Knoblauchzehen einweichen, Salz, Pfeffer und Kümmel zufügen.
In einem Topf in Butter die Senfkörner anrösten. Sie werden dabei zischen und krachen: Sobald sie nicht mehr hochspringen, die Linsen beifügen, dann, nachdem diese eine hellbraune Farbe angenommen haben, die halbierte Chilischote und die Curryblätter dazugeben. Alles ganz kurz anrösten, zum Schluß das Wasser samt Inhalt daraufgießen. 5 Minuten sprudelnd kochen lassen.
In Gläsern oder Tassen zu Gemüsegerichten oder Speisen aus Getreideprodukten reichen.
Halb Suppe, halb Getränk ist ›Rasam‹ außerordentlich leicht verdaulich, selbst für empfindlichste Mägen.

Gemüsesuppe mit ›Pistou‹

300 g grüne Bohnen,
200 g frische weiße Bohnen (enthülst),
200 g frische rote Bohnen (enthülst),
4 Kartoffeln,
3 kleine Lauchstangen,
2 Zucchini,
1 Zwiebel,
4–6 Knoblauchzehen,
2 Sellerieblättchen,
2 Zweiglein Basilikum,
2 Handvoll beliebige Suppennudeln,
100 g Parmesan (gerieben),
1 Glas Olivenöl,
Salz, Pfeffer

Alle Gemüse waschen und in kleine Würfel schneiden.
Die roten und die weißen Bohnen in 2½ l kaltem Wasser aufsetzen. Deckel auflegen und zum Kochen bringen. Sobald das Wasser kocht, die restlichen Gemüse zufügen, salzen, pfeffern und wieder aufkochen lassen. Bedeckt bei ganz kleiner Hitze 1 bis 1½ Stunden köcheln lassen. Zehn Minuten vor Ende der Kochzeit die Suppennudeln dazugeben. In der Zwischenzeit in einem Mörser die Knoblauchzehen und die gewaschenen Basilikumblättchen sorgfältig zerstoßen. In kleinem Strahl Öl zugießen, dabei ständig umrühren, bis eine dicke Sauce entsteht, die in Südfrankreich als ›pistou‹ bekannt ist.
›Pistou‹ unmittelbar vor dem Servieren in die Suppe geben, dazu in einem Schälchen geriebenen Parmesankäse reichen, damit sich jeder nach Belieben bedienen kann.

Variation:
Sie können noch 4 Möhren, 2 (enthäutete) Tomaten und 1 bis 2 frische weiße Rübchen in die Suppe geben. Puristen lehnen das jedoch mit der Begründung ab, daß diese Gemüse sich nicht mit dem Aroma des Basilikums vertrügen.

Brennesselsuppe

2 kg Brennesseln,
6 Kartoffeln,
3 Zwiebeln,
Salz, Pfeffer,
Butter

Die Brennessel ist eine ausgesprochene Heilpflanze: Sie hat eine adstringierende, schleimlösende und blutreinigende Wirkung. Darum sollte sie auch in der Küche Verwendung finden: in Küchlein, mit Sahnesauce, als Füllung, man kann sie wie Spinat zubereiten.
Pflücken Sie Brennesseln in den Monaten April bis September, solange sie in Blüte stehen. Ziehen Sie dazu besser Handschuhe an. Handschuhe sollten Sie auch zum Putzen tragen. Die Brennesseln waschen, die Blättchen von den Stielen zupfen und zusammen mit gehackten Zwiebeln in etwas Butter oder Öl andünsten. 1½ l Wasser zugießen, die in kleine Würfel geschnittenen Kartoffeln hineingeben und etwa 20 Minuten kochen lassen. Mit Salz und Pfeffer würzen. Die Brennesselsuppe im Mixer pürieren oder einfach so servieren, vorher noch ein gut nußgroßes Stück Butter hineingeben.

Linsensuppe

250 g Linsen,
3 Tomaten,
2 schöne Zwiebeln,
Butter, Salz, Pfeffer,
1 Kräutersträußchen,
Crème fraîche oder Milch,
geröstete Brotwürfelchen (nach Belieben)

Die sorgfältig verlesenen Linsen einige Stunden einweichen lassen. Die Zwiebeln hacken, in Butter leicht andünsten lassen. Die in Viertel geschnittenen Tomaten und das Kräutersträußchen zufügen. Alles ein paar Minuten anrösten, dann die abgetropften Linsen hineingeben. Mit kochendem Wasser bedecken. Salzen und pfeffern, 45 Minuten bis 1 Stunde kochen lassen, wenn nötig zwischendurch immer wieder Wasser zugießen. Sobald die Linsen anfangen aufzuplatzen, das Ganze fein pürieren.
Nach Belieben Crème fraîche oder Milch zufügen, mit in Butter gerösteten Brotwürfelchen servieren.

Maissuppe (China)

6 schöne Maiskolben,
2 EL Maizena,
1–2 EL Zucker,
1 TL Sojasauce,
¾ TL Glutamat,
Salz

Die Maiskolben waschen. In einem Topf mit reichlich kaltem Wasser zum Kochen bringen. Sie müssen etwa ¼ Stunde lang kochen. Die Maiskolben abtropfen, die Körner von den Kolben streifen. Maiskörner mit 4 bis 5 Tassen Kochwasser in einen Topf geben. Maizena in ein wenig Wasser auflösen, zufügen. Zum Kochen bringen. Zucker, Glutamat und Salz dazugeben. Bei geringer Hitze ½ Stunde kochen lassen, vor dem Servieren mit Sojasauce abschmecken.
Um das Aroma dieser sehr süßen Suppe voll zur Geltung zu bringen, reichen Sie dazu ein Schälchen mit Peperoni, die Sie zuvor in dünne Ringe geschnitten und in Essig ziehen lassen haben.

Anmerkung:
Wenn Sie es eilig haben, ersetzen Sie frischen Mais durch eine Konserve (300 g Inhalt). Den Dosenmais ½ Stunde in 1 l Wasser mit den oben aufgeführten Zutaten köcheln lassen. Die Zuckermenge eventuell ein wenig verringern.

›Shorba‹ (Tunesien)

½ Dose Kichererbsen (250 g),
1 Zwiebel,
4 Tomaten,
2 Knoblauchzehen,
250 g Suppennudeln,
1 EL Harissa (Pulver),
2 TL Curcuma,
¾ TL schwarzer Pfeffer,
2 gute Msp Salz,
Öl

In einem Topf etwas Öl erhitzen, die Kichererbsen darin anbraten. Sobald sie eine goldbraune Farbe annehmen, die in Würfel geteilte Zwiebel, die in Viertel geschnittenen Tomaten und die gehackten Knoblauchzehen zufügen. Harissa und 1½ Glas Wasser dazugeben. Zum Kochen bringen, dann 1 bis 1½ l Wasser angießen. 20 bis 30 Minuten kräftig durchkochen lassen. Mit Salz, Curcuma und Pfeffer würzen, die Suppennudeln beifügen. Umrühren und weitere 10 Minuten kochen lassen, bis die Nudeln gar sind.

Chinasuppe

2 Möhren,
10–12 Weißkohlblätter,
100 g Blumenkohl,
1 weißes Rübchen
(nicht zu groß),
einige Kopfsalatblätter,
100 g Bambussprossen,
50 g Sojabohnenkeime,
3 Zwiebeln,
1 TL Mehl,
1 EL Sojasauce,
1–2 TL Glutamat,
Salz, Öl

Die Gemüse putzen, Kohl- und Salatblätter in 3 bis 4 Stücke zerreißen, Möhren und das weiße Rübchen in Scheiben schneiden, die Zwiebeln hacken. Blumenkohl in Röschen teilen.
Alles Gemüse in etwas Öl bei guter Hitze anrösten. Ständig umrühren, damit sie nicht am Topfboden anhängen. Nach etwa 5 Minuten die Sojabohnenkeime zufügen, weitere 2 Minuten anbraten lassen. Glutamat dazugeben. Mit etwas über 1 l Wasser auffüllen. Bei schwacher Hitze 20 Minuten köcheln lassen.
Mehl in etwas Wasser auflösen und zufügen, mit Sojasauce abschmecken. Alles gut durchrühren und vor dem Servieren noch weitere 5 Minuten köcheln lassen.

Graupensuppe

150 g Graupen,
150 g frische grüne Bohnen,
2 Möhren,
150 g Kohl,
1 schöne Zwiebel,
Salz, Pfeffer,
Öl oder Butter

Die Gemüse putzen und in feine Streifen (Julienne) schneiden. In einem großen Topf die Butter schmelzen lassen, die Gemüse darin andünsten. Mit 1 bis 1½ l heißem Wasser (oder Gemüsebrühe) aufgießen, die Graupen zufügen. Salzen, pfeffern und so lange kochen lassen, bis die Graupen gar sind.

Baskische Tomatensuppe

1,5 kg Zwiebeln,
1,5 kg Tomaten,
Salz, Pfeffer,
Gewürze und Kräuter,
1,5 l kaltes Wasser,
Erdnußöl

Eine ganz hervorragende Suppe, für die man wenig Zutaten, aber viel Zeit braucht: Der Erfolg hängt von Ihrer Geduld ab . . .
Die Zwiebeln schälen, fein hacken und in einem Topf in Öl andünsten lassen. Sobald sie eine schöne goldgelbe Farbe angenommen haben und weich geworden sind, die in 6 Teile geschnittenen Tomaten zufügen. Bei geringer Hitze und unter ständigem Umrühren einkochen lassen. Salzen und pfeffern, Gewürze und Kräuter nach Belieben zufügen, das kalte Wasser zugießen. Zum Kochen bringen und bei schwacher Hitze mindestens 1 Stunde köcheln lassen. Fein pürieren und sehr heiß servieren.

Variation:
Ganz zum Schluß, nachdem die Suppe schon püriert ist, können Sie noch 300 g feingehackte, mit Knoblauch und Petersilie angedünstete Champignons zufügen.

Artischockencreme

12 mittelgroße Artischocken,
½ Zitrone,
2 Zwiebeln,
½ l Milch,
2 EL Mehl,
50 g Butter,
Salz, Pfeffer,
geröstete Brotwürfelchen

Die Artischocken waschen, schälen, nur die Böden verwenden. (Die Blätter für ein anderes Gericht nehmen.) Artischockenböden mit Zitronensaft abreiben, damit sie sich nicht häßlich verfärben, in ¼ l Salzwasser kochen. Abtropfen lassen, dann pürieren.
Die gehackten Zwiebeln in einem Topf in Butter andünsten. Sobald sie goldgelb sind, das Mehl dazuschütten, mit ein wenig Milch verrühren. Das Artischockenpüree beifügen, dann die restliche Milch und ½ l Wasser. Salzen und pfeffern. Nur kurze Zeit kochen lassen, mit gerösteten Brotwürfelchen servieren.

Rote-Bete-Suppe
(der russischen Borschtsch nachempfunden)

500 g rote Bete,
1/4 Kopf Rotkraut,
1 schöne Zwiebel,
3 Lauchstangen,
1 Stengel Sellerie,
2 Lorbeerblätter,
2 Nelken,
Salz, Pfeffer,
Öl oder Butter,
10 cl Crème fraîche,
1 Zitrone

Die Gemüse putzen. Die Zwiebel hacken, das Rotkraut in mittelbreite Streifen, die Lauchstangen in kleine Stückchen, die roten Bete in dünne Scheiben schneiden. (Sind letztere sehr groß, werden sie halbiert oder geviertelt.)
Ein wenig Öl in einem Topf erhitzen, darin alle Gemüse rund 10 Minuten anrösten. Mit 1 l heißem Wasser (oder Gemüsebrühe) aufgießen, Sellerie, Lorbeerblätter, Nelken, Salz und Pfeffer zufügen. Den Deckel auflegen und etwa 40 Minuten (bis die Roten-Bete-Scheiben gar sind) bei geringer Hitze kochen lassen.
Die Crème fraîche mit dem Zitronensaft verrühren, kräftig durchschlagen, damit die Creme nicht auseinanderfällt. Vor dem Servieren auf die Suppe gießen oder einen guten Löffel voll auf jeden Teller geben.

Tomatencremesuppe

5–6 Tomaten,
1 Möhre,
2 Zwiebeln,
1 EL Mehl,
50 g Butter,
60 g gekochter Reis,
Salz, Pfeffer,
2 Stück Würfelzucker,
1 Stengel Petersilie

Nehmen Sie nur sehr reife Tomaten, und zerdrücken Sie diese mit einer Gabel. Die Zwiebeln hacken, die Möhre in Scheibchen schneiden.
Zwiebeln und Möhre in 20 g Butter anrösten. Sobald sie eine schöne Farbe haben, das Mehl sowie die zerdrückten Tomaten samt ausgetretenem Saft und Kernen dazuschütten. Etwa 1 l Wasser zugießen. Salzen, pfeffern, Zuckerwürfel und Petersilie zufügen und rund 20 Minuten leise köcheln lassen. Durch ein feines Sieb drücken, damit die Kerne zurückgehalten werden. Dann die Tomatencreme noch einmal bei kleiner Flamme erhitzen, falls nötig etwas Wasser zugießen, zum Schluß die restliche Butter und den Reis hineingeben.

Und hier 2 Rezepte für kalte Suppen: eine erfrischende Vorspeise an heißen Sommerabenden . . .

Andalusische Suppe

1 Gurke,
1 EL Tomatenmark,
1 Zwiebel,
1 EL Olivenöl,
Salz, Pfeffer,
Cayennepfeffer, Zimtpulver

Die kleingeschnittene Zwiebel in Öl andünsten, Tomatenmark zufügen, mit Salz, Pfeffer, einer Messerspitze Cayennepfeffer und Zimt würzen. Etwa 1 l Wasser dazugießen und 10 Minuten kochen lassen. Dann die geschälte und in Würfel geschnittene Gurke hineingeben, aber nur knapp 1 Minute mitkochen lassen.
Abkühlen lassen und sehr kalt servieren.

Kalte Joghurtsuppe (Iran)

4 Becher Joghurt,
1 Zwiebel,
1 Gurke,
2 Stengel Petersilie,
1 kleines Zweiglein Minze
oder 1 Beutel Pfefferminztee,
75 g Rosinen,
50 g Nußkerne,
Salz, Pfeffer

In einer Salat- oder Suppenschüssel den Joghurt mit 1 Glas kaltem Wasser (eventuell etwas mehr, wenn er sehr fest ist) verdünnen. Mit einer Gabel schlagen, damit eine schöne, glatte Creme entsteht. Salzen, pfeffern, dann die feingehackten Zwiebeln, die in kleine Würfel oder in halbe Scheibchen geschnittene Gurke, die gehackte Petersilie und Minze (oder den Teebeutelinhalt), die zuvor gewaschenen Rosinen sowie die grobgehackten Nußkerne zufügen. Alles gut vermengen. Wenn Sie diese Suppe im voraus zubereiten, vor dem Servieren noch einmal durchrühren, damit sich die Zutaten gleichmäßig verteilen und nicht alle schwereren Stückchen unten bleiben. Mit Minze, Nußkernen oder Gurkenscheibchen verzieren.

Teigwaren

Cannelloni mit Champignons

1 Paket Cannelloni,
350 g Champignons,
60 g Butter,
1 Tasse Béchamelsauce,
1–2 EL Crème fraîche,
60 g geriebener Gruyère,
Salz, Pfeffer,
Muskat (nach Belieben)

Die Cannelloni nach Packungsangabe in kochendem Salzwasser garen. Abtropfen lassen.
Die Champignons in Scheibchen schneiden und bei schwacher Hitze in Butter 10 Minuten andünsten. Deckel auflegen.
Die Crème fraîche in die Béchamelsauce einrühren, dann die Champignons und einen Teil des geriebenen Käses daruntermischen. Mit Salz, Pfeffer und Muskat würzen.
Die Cannelloni damit füllen und nebeneinander in eine gebutterte, ofenfeste Form legen. Den restlichen Käse darüberstreuen und Butterflöckchen daraufsetzen. Im heißen Ofen in 15 Minuten goldbraun werden lassen.

Überbackene Makkaroni

500 g Makkaroni,
300 g Champignons,
120 g geriebener Käse,
Béchamelsauce,
Salz, Pfeffer,
Öl, Paniermehl

Die Makkaroni in Salzwasser garen.
In der Zwischenzeit eine Béchamelsauce bereiten.
Die Champignons in Scheibchen schneiden, in etwas Öl mit Salz und Pfeffer andünsten. In die Béchamelsauce den geriebenen Käse einrühren, dann die Champignons und die abgetropften Makkaroni zufügen. Alles gut vermischen, falls nötig, noch einmal nachwürzen und in eine geölte, ofenfeste Form füllen. Mit Paniermehl bestreuen und etwa 15 Minuten überbacken lassen.

Nudeln mit Zwiebeln

250 g Nudeln,
1 kg Zwiebeln,
50 g Butter oder Öl,
Salz, Pfeffer,
10 cl Crème fraîche
(nach Belieben)

Die Zwiebeln schälen und hacken und bei schwacher Hitze in Butter mit Salz und Pfeffer andünsten lassen.
In der Zwischenzeit die Nudeln in Salzwasser garen, abtropfen lassen.
Sobald die Zwiebeln weich sind, vorsichtig die Crème fraîche darunterrühren, dann die Nudeln zufügen und vor dem Servieren noch ein paar Minuten köcheln lassen.

Variation:
Ersetzen Sie die Crème fraîche durch ein kleines Glas Weißwein oder ½ Glas Sojasauce.

Spaghetti mit Basilikum

500 g Spaghetti,
2 Bund frisches Basilikum,
2 Knoblauchzehen (nach Belieben),
2–3 EL Olivenöl,
150 g geriebener Parmesan,
Salz, Pfeffer

Die Spaghetti in Salzwasser kochen.
In der Zwischenzeit das Basilikum waschen, die Blättchen von den Stielen zupfen, dann in einem Mörser zerstoßen.
In einer Schüssel aus Olivenöl, Basilikum, feingehacktem Knoblauch, Salz und Pfeffer eine Sauce bereiten.
Sobald die Spaghetti gar sind, abtropfen lassen und dann sofort in die Schüssel zu der Sauce geben. Gründlich umwenden, damit sich die Sauce gleichmäßig verteilt, Parmesan zufügen, dabei ständig weiterrühren, damit die Nudeln nicht aneinanderkleben.

Hörnchen in Selleriesauce

250 g Hörnchennudeln,
3 Stangen Sellerie,
1 schöne Zwiebel,
40–50 g Butter,
3 EL Mehl,
3 EL Tomatenmark,
1/4 l Gemüsebrühe oder Weißwein,
1/4 l Wasser,
80 g geriebener Parmesan,
Salz

Die Zwiebel hacken, Sellerie in kleine Stückchen schneiden. Zusammen in Butter andünsten, bis sie weich sind. Dann das Mehl dazuschütten und das Tomatenmark hineingeben. Mit ein wenig Wasser verrühren, dann das restliche Wasser in kleinen Mengen zufügen, zum Schluß die Gemüsebrühe oder den Wein zugießen. Salzen. Unter Rühren so lange kochen, bis die Sauce eine feste, glatte Konsistenz angenommen hat. Die Hörnchennudeln in kochendem Salzwasser garen. Abtropfen lassen und mit der Sauce vermischen. Mit geriebenem Käse bestreut servieren.

Makkaroni mit Perlerbsen

250 g Makkaroni,
1/4 Dose Perlerbsen (125 g),
4 schöne Tomaten,
2 Zwiebeln,
250 g Champignons,
100 g geriebener Käse (nach Belieben),
Salz, Pfeffer, Öl

Die Tomaten überbrühen, damit sie sich leicht häuten lassen. Die Zwiebeln schälen und fein hacken. In Öl andünsten. Sobald sie Farbe nehmen, die in Würfel geschnittenen Tomaten zufügen. Salzen, pfeffern und bei schwacher Hitze einkochen lassen. Wenn die Sauce anfängt dicklich zu werden, die in Scheibchen geschnittenen und zuvor in Öl leicht angedünsteten Champignons hineingeben. Auf ganz kleiner Flamme köcheln lassen.
In der Zwischenzeit die Makkaroni in Salzwasser kochen, dann abtropfen lassen.
Die abgetropften Erbschen und die Makkaroni in die Tomatensauce geben. Noch einmal abschmecken, eventuell nachwürzen und 5 Minuten köcheln lassen. Mit geriebenem Käse bestreut servieren.

Spaghetti mit Knoblauchsauce

250 g Spaghetti,
6 schöne Tomaten,
6 Knoblauchzehen,
einige Stengel Petersilie,
Salz, Pfeffer,
3 EL Öl

Tomaten, Knoblauch, Petersilie, Öl, Salz und Pfeffer im Mixer pürieren. Die Sauce in eine tiefe Schüssel gießen und beiseite stellen.
Die Spaghetti in Salzwasser garen. Abtropfen lassen und noch kochendheiß in die Sauce geben. Gut vermischen und sofort verspeisen.

Nudeln mit Spinat

Für 4 Personen:
250 g breite Nudeln,
1 kg Spinat,
¼ l konzentriertes Tomatenpüree,
Salz, Pfeffer,
Butter, geriebener Gruyère,
Paniermehl

Die Nudeln in Salzwasser kochen.
Unterdessen den Spinat blanchieren, gut abtropfen lassen, fein hacken und nach Geschmack würzen, mit 1 Stich Butter verfeinern.
In eine ofenfeste Form eine Schicht Nudeln geben, mit Käse bestreuen, eine Lage Spinat darüber verteilen und mit einer Schicht Nudeln abschließen. Das konzentrierte Tomatenpüree darüberträufeln, mit geriebenem Käse und Paniermehl bestreuen und 15 Minuten im heißen Ofen überbacken lassen.

Chinesische Nudeln mit Gemüse in süß-saurer Sauce

500 g gelbe chinesische Nudeln (Chinageschäft),
Mehl, Fritieröl,
1 grüne Paprikaschote,
2 Möhren,
1 Päckchen schwarze chinesische Pilze,
1 Dose Bambussprossen,
1 Dose Ananas in Scheiben oder 200 g frische Ananas,
2 kleine Zwiebeln,
1 Knoblauchzehe,
1 EL Zucker,
1 EL Essig,
1 EL Sojasauce,
1 gestrichener EL Kartoffelmehl oder Maizena,
Salz, Öl,
einige Stengel frisches Korianderkraut

Zubereitung der Sauce:
Die Gemüse putzen. Paprikaschoten von Kernen befreien, das Fruchtfleisch würfeln, die Möhren sowie die zuvor abgetropften Bambussprossen und Ananasscheiben ebenfalls in Würfel schneiden.
In einem Schmortopf etwas Öl erhitzen, darin die feingehackten Zwiebeln und die Knoblauchzehe andünsten. Sojasauce eine Messerspitze Salz, Zucker und Essig zufügen. Das in ein wenig Ananassaft aufgelöste Kartoffelmehl dazuschütten. Zum Kochen bringen und ungefähr 5 Minuten köcheln lassen.
In der Zwischenzeit die kleingeschnittenen Gemüse und die schwarzen Pilze in Öl andünsten. Sobald sie gar sind, in die Sauce geben.

Zubereitung der Nudeln:
Unterdessen die Nudeln in lauwarmem Wasser ¼ Stunde einweichen, dann abtropfen lassen. Etwas Öl auf einem Teller verteilen, darin die Nudeln wenden, damit sie nicht aneinanderkleben. 2 Minuten in heißem Öl fritieren. Mit einem Schaumlöffel herausholen, kurze Zeit auf Küchenpapier entfetten lassen. Die Sauce unmittelbar vor dem Servieren mit ganzen oder grobgehackten Korianderblättchen bestreuen.
Die Nudeln getrennt dazu reichen.

Reis- und Getreidegerichte

Kedgeree (Indien)

200 g Reis,
100 g Sojabohnen,
25–30 g Butter,
10 g frischer Ingwer
(= 1 TL gehackter Ingwer),
1 Zwiebel,
1 TL Kümmel (ganz),
1 TL Koriander (gemahlen),
4 TL Salz,
2 Chilischoten

Ein ›Kedgeree‹ ist eine Mischung aus Reis und Soja, wenig gewürzt und leicht verdaulich: In Indien serviert man es Kranken, Kindern und allen, die mit der Leber Probleme oder einen empfindlichen Magen haben. Kedgeree sollten Sie nicht kochen, wenn Sie Gäste erwarten: Der Brei sieht nicht gerade appetitanregend aus . . .
Die Sojabohnen verlesen. Reis und Sojabohnen getrennt waschen und einweichen. Der Reis sollte etwa 20 Minuten, die Bohnen sogar 40 Minuten im Wasser liegen bleiben, wenn Sie genügend Zeit haben.
In einem Schmortopf bei schwacher Hitze 10 bis 15 g Butter schmelzen lassen, Koriander, Chilischoten und den Kümmel hineingeben. Sobald diese Mischung eine leicht bräunliche Farbe angenommen hat, den zuvor abgetropften Reis und die Sojabohnen hineinschütten. Gut umrühren, damit sich die Körner mit Butter und Gewürzen vollsaugen können, dann 1 l kochendheißes Wasser zugießen. Den Deckel auflegen und bei schwacher Hitze ungefähr 1½ Stunden kochen lassen. Falls nötig, kann während der Kochzeit bis ca. ½ l heißes Wasser zugefügt werden.
Währenddessen die Zwiebeln kleinschneiden und den Ingwer fein hacken. Beides in der restlichen Butter braun werden lassen. Vor dem Servieren über das Gericht streuen.

Pulao mit Perlerbsen (Indien)

400 g Langkornreis,
¼ Dose Perlerbsen (125 g),
3 schöne Zwiebeln,
80 g Rosinen,
1 Handvoll Nußkerne,
1 TL Curcuma,
2 große braune Kardamomkapseln
(oder 8 kleine grüne),
1 EL Koriander (gemahlen),
1–2 kleine getrocknete Chilischoten
oder ½ TL Chilipulver,
Salz,
etwa 50 g Butter

Die Rosinen in lauwarmem Wasser einweichen, damit sie sich vollsaugen können.
Den Reis abspülen und 20 Minuten in kaltem Wasser einweichen, danach abtropfen lassen.
In einem Schmortopf ungefähr 15 g Butter schmelzen lassen.
Die leicht zerdrückten Kardamomkapseln, die Pfefferschoten, Curcuma und den Koriander hineingeben. Umrühren und, sobald die Mischung Farbe annimmt, den abgetropften Reis dazuschütten. Rühren, damit sich die Körner mit Butter vollsaugen können und eine schöne gelbe Färbung erhalten. Den Reis mit der doppelten Menge kochendem Wasser übergießen. Salzen. Sobald das Wasser zu sprudeln beginnt, den Deckel auflegen und bei geringer Hitze ungefähr 20 Minuten köcheln lassen. Das Wasser sollte dann vollständig absorbiert worden sein.
In der Zwischenzeit die gehackten Zwiebeln in der restlichen Butter andünsten. Sobald sie eine hellgelbe Farbe angenommen haben, vom Feuer nehmen.
Einige Minuten bevor der Reis gar ist, die abgetropften Erbsen, die Rosinen, Zwiebeln und Nußkerne zufügen. Mit einem Holzlöffel drei- oder viermal umrühren, achtgeben, daß die Reiskörner unversehrt bleiben. Deckel sofort wieder auflegen und nach weiteren 1 bis 2 Minuten servieren.

Variation:
Wenn Sie auf Butter verzichten wollen, setzen Sie den nach dem Einweichen abgetropften Reis mit der doppelten Menge kochendem Wasser auf und fügen dann sämtliche Gewürze zu. Den Deckel auflegen und bei kleinem Feuer garen lassen. Im übrigen wie oben angegeben vorgehen.

Pulao mit Gemüse (Indien)

400 g Reis,
6 Tomaten,
4 Zwiebeln,
250 g frische Perlerbsen (enthülst),
5–6 Möhren,
1 kleiner Blumenkohl,
250 g frische grüne Bohnen,
8 kleine grüne Peperoni,
5 Zimtstangen (5–6 cm lang),
4 Nelken,
Salz,
100–150 g Butter

Den Reis waschen, 20 Minuten einweichen. Währenddessen die Gemüse putzen, Zwiebeln hacken, Blumenkohl in Röschen zerlegen, Möhren in Scheibchen schneiden, Tomaten achteln, die grünen Bohnen in 1 bis 2 cm lange Stücke brechen. Blumenkohl, Möhren und grüne Bohnen in der Hälfte der Butter andünsten. Beiseite stellen.
In einem Schmortopf, der groß genug sein sollte, um den Reis und die Gemüse aufzunehmen, den Rest der Butter zum Schmelzen bringen. Darin die Gewürznelken, Zimt, die in Hälften geschnittenen Peperoni und die Zwiebeln anrösten. Sobald die Zwiebeln weich sind, die Tomatenachtel zufügen und kräftig anbraten lassen, dann den abgetropften Reis hineinschütten. Zwei- oder dreimal umrühren und, sobald der Reis ziemlich heiß ist, kochendes Wasser zugießen. Es sollte im Topf mindestens 5 cm höher stehen als der Reis. Salzen. Den Deckel auflegen und bei höchster Stufe zum Kochen bringen. Wenn das Wasser sprudelt, die Hitze wieder verringern. Sobald der Reis ¾ gar ist, die angerösteten Gemüse zufügen. Vorsichtig vermischen, möglichst nur einmal umrühren, damit die Reiskörner unversehrt bleiben. Den Deckel wieder auflegen und im Ofen bei mittlerer Hitze in einer ½ Stunde garen lassen.

Königlicher Pulao mit getrockneten Früchten (Indien)

400 g Langkornreis,
4–5 schöne Zwiebeln,
100 g Nußkerne,
50 g geschälte Mandeln,
50 g Cashewnüsse,
50 g Rosinen,
eine Handvoll getrocknete Aprikosen,
2 EL Zucker,
1 TL Kümmel (oder Kreuzkümmel), ganz,
1 Zimtstange (5–6 cm lang),
6 Kardamomkapseln,
Salz,
100–150 g Butter oder Öl

Den Reis wiegen, die doppelte Menge Wasser abmessen und beiseite stellen. Reis kurz abspülen, dann 20 Minuten in kaltem Wasser einweichen. Die Zwiebeln kleinschneiden. Die Hälfte der Mandeln hacken, die andere Hälfte ganz lassen. Die Rosinen und die Aprikosen in einer Schüssel mit lauwarmem Wasser einweichen. Die Nußkerne und die Cashewnüsse grob hacken. Die Butter schmelzen lassen, die Zwiebeln darin anbraten. Sobald sie eine braune Farbe angenommen haben, aus der Pfanne nehmen, den Zucker in die geschmolzene Butter schütten. Bräunen lassen. Dann die Zwiebeln wieder hineingeben und Zimt, die gespaltenen Kardamomkapseln sowie den Kümmel zufügen. Alles ein paar Minuten rösten lassen, anschließend die gehackten Mandeln, die Nußkerne, die Cashewnüsse, die abgetropften Rosinen und Aprikosen dazugeben. Goldgelb werden lassen, dann den gut abgetropften Reis hineinschütten. Salzen. Vorsichtig umrühren, um alle Zutaten gut zu vermischen. In der Zwischenzeit das beiseite gestellte Wasser zum Kochen bringen, zum Reis gießen. Sobald das Wasser wieder sprudelt, den Deckel auflegen und köcheln lassen, bis alles Wasser absorbiert ist. Anschließend den Topf mit Deckel in den heißen Ofen stellen, um den Reis zu trocknen. Vor dem Servieren mit goldbraun gerösteten Zwiebeln und ganzen Mandeln bestreuen.

Risotto mit verschiedenen Gemüsen

400 g Langkornreis,
500 g Tomaten,
500 g Zucchini,
250 g frische Perlerbsen,
150 g grüne Bohnen,
1 kleine Dose Artischockenböden,
2–3 Zwiebeln,
Salz, Pfeffer, Öl

Die Gemüse putzen. Die Zwiebeln fein hacken, die Zucchini in Würfel schneiden. Die Tomaten mit heißem Wasser übergießen, häuten. In einem Schmortopf ein wenig Öl erhitzen, die Zwiebeln, die enthülsten Perlerbsen und die Zucchini darin andünsten. Das dauert etwa 10 Minuten, wenn nötig ein wenig Wasser zugießen. Den Reis rasch abspülen, 20 Minuten in kaltem Wasser einweichen, dann abtropfen lassen.

In der Zwischenzeit die Bohnen 10 Minuten in kochendem Salzwasser garen. Abtropfen lassen. Zu den übrigen Gemüsen geben. Die in kleine Würfel geschnittenen Tomaten ebenfalls in den Schmortopf geben. Auf schwacher Hitze ungefähr 20 Minuten kochen lassen. Den abgetropften Reis dazuschütten, mit etwas weniger als der doppelten Menge Wasser – besser noch: Gemüsebrühe – aufgießen. Salzen, pfeffern. Den Deckel auflegen, bei geringer Hitze so lange kochen lassen, bis alles Wasser absorbiert ist. Dann die in Viertel geteilten Artischockenböden zufügen, noch 1 bis 2 Minuten auf dem Feuer lassen und sofort servieren.

Reis auf afghanische Art ›Quaubili Palao‹

400 g Langkornreis,
1 kg Möhren,
je ¾ TL Zimt,
Nelken,
Kardamom und Kreuzkümmel,
gemahlen oder frisch zerstoßen,
100 g Korinthen,
2 gestrichene EL Puderzucker,
1 EL Salz, eventuell mehr,
Pfeffer,
3 g Safran,
1 große Zwiebel,
130 g Butter

Die Zwiebel hacken, in 20 g Butter andünsten, beiseite stellen. Die Möhren schälen, in dünne Streifchen (Julienne) schneiden. In einer Pfanne mit ungefähr 50 g Butter andünsten. Leicht salzen, pfeffern, mit Puderzucker bestäuben. So lange kochen lassen, bis sie nicht mehr hart sind und eine schöne goldbraune, karameläbnliche Farbe angenommen haben. Dabei ständig Butter zufügen und, wenn nötig, ganz wenig Wasser. Die Möhren herausnehmen, beiseite stellen, das Fett in ein Schälchen gießen, aufbewahren.
In derselben Pfanne 15 g Butter schmelzen lassen, die Korinthen hineingeben und, sobald sie prall und leicht angebräunt sind, wieder herausnehmen.
In einem Topf 30 g Butter erhitzen, die Mischung aus Zimt, Nelken, Kardamom und Kreuzkümmel hineingeben, nicht anbrennen lassen, den Reis dazuschütten. Umrühren, damit sich alle Körner mit Fett und Gewürzen gleichmäßig vollsaugen können. Die zweieinhalbfache Menge kochendes (oder sehr heißes) Wasser dazugießen. Den mit einem Löffel Wasser aufgelösten Safran dazugeben. Zum Kochen bringen, dann den Deckel auflegen und bei schwacher Hitze garen, bis alles Wasser absorbiert ist.
Einige Minuten vor Ende der Kochzeit die Butter, in der die Möhren angedünstet wurden, die Zwiebeln, die Hälfte der Korinthen und die Hälfte der Möhren zufügen. Ein- bis zweimal mit einem Holzlöffel umrühren (nicht öfter, damit die Körner unversehrt bleiben). Vor dem Servieren den Reis mit den restlichen Korinthen und Karotten verzieren.

Variation:
Kurz vor dem Servieren noch geschälte Pistazien oder Mandeln zufügen.

Reisring mit Möhren

Für 6 Personen:

300 g weißer Reis,
1 kg Möhren,
500 g Zwiebeln,
3 Knoblauchzehen,
4–5 Gewürznelken,
1–2 Chilischoten (nach Belieben),
3–4 TL Curry oder
2 TL Curry und 2 TL Curcuma,
1 Becher Joghurt oder
12 cl Crème fraîche,
1 Glas trockener Weißwein (nach Belieben),
Öl, Salz, Pfeffer,
Herbes de Provence

Den Reis mit der zweieinhalbfachen Menge Wasser zum Kochen aufsetzen, eine mit 2 Nelken besteckte Zwiebel ins Kochwasser geben.
Die Möhren putzen und ziemlich fein raspeln, die Zwiebeln hacken.
In einem Schmortopf in Öl die Zwiebeln mit dem gehackten Knoblauch, den Herbes de Provence, etwas Salz und Pfeffer und den Chilischoten andünsten lassen. Sobald die Zwiebeln gerade weich sind, die geraspelten Möhren zufügen, mit Weißwein angießen und bei schwacher Hitze ungefähr 30 Minuten köcheln lassen. 5 Minuten vor Ende der Kochzeit das Currypulver hineingeben.
Vor dem Servieren den Joghurt über die Möhren gießen, gut mischen. Den Reis ringförmig auf einer runden Platte anrichten (in eine Gugelhupfform geben, dann stürzen), die Mitte mit den Möhren auffüllen.

Reis mit roten Bohnen (Haiti)

300 g Langkornreis,
200 g getrocknete rote Bohnen,
250 g Champignons,
3 Zwiebeln,
2 Knoblauchzehen,
3 Stengel Petersilie,
2 kleine Chilischoten,
grobes Salz,
Öl

Die roten Bohnen mit ungefähr der zehnfachen Wassermenge in einer großen Kasserolle bei starker Hitze zum Kochen bringen. Den Deckel nicht auflegen, damit das Wasser verdunsten kann und auf etwa die Hälfte oder weniger reduziert wird. Sobald die Bohnen anfangen zu platzen, abtropfen lassen, das Kochwasser, das eine

schöne rote Farbe angenommen hat, auffangen. Das Öl in einem Topf erhitzen, darin die gehackten Zwiebeln und die in Scheibchen geschnittenen Champignons andünsten. Die roten Bohnen dazugeben.
Die Knoblauchzehen, Petersilie, Salz und Chilischoten in einem Mörser zerstoßen, ebenfalls in den Topf geben und kurz anrösten. Das Kochwasser von den Bohnen nehmen, die zum Reiskochen benötigte Menge abmessen (zweimal soviel Wasser wie Reis oder etwas mehr, wenn Sie den Reis sehr weich mögen). Auf die Bohnen gießen. Sobald das Wasser kocht, den zuvor gewaschenen Reis hineinschütten.
Mit einem Löffel ein- bis zweimal umrühren, um den Reis und die Bohnen zu vermischen, dabei achtgeben, daß die Reiskörner unversehrt bleiben. Sobald das Wasser wieder sprudelt, auf kleiner Flamme ½ Stunde köcheln lassen.

Reis mit Auberginen (Indien)

3 Auberginen,
400 g Reis,
1 EL schwarze Senfkörner,
2 Zimtstangen (5–6 cm lang),
2 Zwiebeln,
3 Gewürznelken,
4 Kardamomkapseln,
Salz, Pfeffer oder
1 kleine getrocknete Chilischote,
Öl und Butter

Den Reis unter fließendem Wasser rasch waschen, 20 Minuten einweichen, dann abtropfen lassen.
Die Auberginen waschen, abtrocknen. Mit der Haut in dünne Scheibchen schneiden. Die Scheiben in Öl braten, bis sie gar sind. Die Zwiebeln hacken, in etwas Öl goldgelb werden lassen. 1 kleines Stückchen Butter schmelzen lassen, die Senfkörner darin anrösten. Wenn sie nicht mehr hochspringen, die anderen Gewürze und die Chilischote, dann den abgetropften Reis hineingeben. Vorsichtig umrühren. Sobald sich alle Körner vollgesaugt haben, die zweieinhalbfache Menge heißes Wasser dazugießen. Salzen. Den Deckel auflegen. Etwa 20 Minuten auf kleiner Flamme köcheln lassen. Wenn alles Wasser absorbiert ist, den Reis mit Zwiebeln und Auberginenscheiben bedecken. Dies noch 1 bis 2 Minuten miterhitzen, dann servieren.

Reis mit Kokosnuß (Indien)

400 g Langkornreis,
1 Kokosnuß,
2 schöne Zwiebeln,
40 g Butter,
2 Gewürznelken,
2 Kardamomkapseln,
2 Zimtstangen,
Salz

Reis unter fließendem Wasser waschen, 1/4 Stunde in kaltem Wasser einweichen.
In der Zwischenzeit die Kokosnuß öffnen, das Samenfleisch raspeln und nach dem Rezept auf Seite 220 eine Kokosmilch bereiten. Je dickflüssiger die Milch, um so besser wird der Reis schmecken.
Die Kokosmilch abmessen und, wenn nötig, etwas Wasser zugießen. Sie sollten insgesamt zweimal soviel Flüssigkeit wie Reis haben. Die Flüssigkeit in einer Kasserolle erhitzen. Die Zwiebeln hacken, in einem großen Topf in der Butter andünsten. Sobald sie goldgelb sind, die Gewürznelken, die Zimtstangen und die gespaltenen Kardamomkapseln zufügen. 1 Minute anrösten, dann den gut abgetropften Reis dazuschütten. Vorsichtig umrühren, damit sich die Körner mit Butter vollsaugen können.
Die erhitzte Kokosmilch daraufgießen, salzen, den Deckel auflegen und so lange köcheln lassen, bis alle Flüssigkeit absorbiert ist.
Dieser Reis schmeckt köstlich zu einem Gemüsecurry.

Reis mit Sojabohnen

Für 4 Personen:
250 g Reis,
50 g Sojabohnen,
2 Zwiebeln,
3 Tomaten,
2 Paprika,
2 Auberginen,
3 EL Öl,
Salz, Pfeffer,
Currypulver,
Thymian, Rosmarin,
einige Petersilienstengel

Die Sojabohnen 12 Stunden einweichen.
Reis und Sojabohnen getrennt kochen, beiseite stellen. Währenddessen die Gemüse putzen, die Zwiebeln hacken, die Paprikaschoten in Streifen, die Tomaten und die Auberginen in Würfel schneiden.

Alles in einer großen Kasserolle in beliebigem Öl andünsten. Salzen, Kräuter und Gewürze zufügen, 20 Minuten köcheln lassen, dann den Reis und die Sojabohnen dazugeben. Alles gut vermischen und mit gehackter Petersilie bestreut servieren.

›Tian‹ mit Kürbis (Provence)

1 kg Kürbis,
200 g Langkornreis,
2 schöne Zwiebeln,
80 g Butter,
100 g geriebener Käse,
1 dl Milch,
Salz, Pfeffer,
1 Gewürznelke

›Tian‹ ist der provenzalische Name einer tiefen Tonschüssel, in der man Gerichte im Ofen gart. Diese Bezeichnung hat sich inzwischen auch für die Zubereitung selbst eingebürgert.
Den Kürbis schälen, die Kerne entfernen, das Fruchtfleisch in Würfel schneiden. Die Milch mit 1 dl Wasser verdünnen, zum Kochen bringen, die Kürbiswürfel und eine mit der Gewürznelke bestückte Zwiebel hineingeben. Salzen und pfeffern. In der Zwischenzeit den Reis in Salzwasser kochen. Die zweite sehr fein gehackte Zwiebel in etwas Butter andünsten.
Wenn der Kürbis gar ist (er muß weich sein und sollte fast die ganze Kochflüssigkeit absorbiert haben), mit dem Reis, der Zwiebel und der Hälfte des geriebenen Käses vermischen. In eine ofenfeste Schüssel geben (wenn Sie keine ›tian‹ besitzen), Butterflöckchen und den restlichen Käse darüberstreuen.
Im heißen Ofen 15 bis 20 Minuten backen.

›Tian‹ mit Zucchini

Wie ›Tian mit Kürbis‹ zubereiten, statt Kürbis jedoch 8 schöne Zucchini nehmen. Sie sollten sich fest anfühlen, ihre Schale glänzen.

Buchweizen

Der Buchweizen wird häufig vernachlässigt, dabei ist er ein außerordentlich nahrhaftes Gewächs: Er ist reich an Kalzium (mehr noch als Weizen), außerdem enthält er viel Phosphor, Magnesium, Eisen, Fluor und Aminosäuren, von denen man glaubte, daß sie nur in tierischem Eiweiß vorkämen (Lysin, Arginin, Histidin, Cystein, Tryptophan und Syntonine). Selbst wenn man ihn in großen Mengen ißt, belastet er den Organismus nicht.
Wie kann man ihn zubereiten?

Mit Wasser

Die zwei- bis dreifache Menge Wasser abmessen. Salzen, zum Kochen bringen und den Buchweizen hineinschütten. Ein- oder zweimal umrühren, damit die Körnchen nicht aneinanderkleben bleiben. Sobald das Wasser wieder aufwallt, die Hitze verringern und auf kleiner Flamme mit aufgelegtem Deckel kochen, bis das Wasser völlig absorbiert ist (ungefähr 20 Minuten).

Mit Fett

Die Buchweizenkörnchen in geschmolzener Butter oder mäßig heißem Öl andünsten. Sobald sie genügend Fett aufgenommen haben, mit der doppelten Menge heißem Salzwasser begießen. Den Deckel auflegen und bei geringer Hitze wie oben angegeben kochen.
Beim Kochen vergrößert er sein Volumen beachtlich.

Gemüsemais und Spargel, überbacken

1 Dose Gemüsemais (500 g),
1 Dose Spargel (500 g),
100 g geriebener Gruyère,
Béchamelsauce,
Salz, Pfeffer,
Butter

Den Mais und die Spargel abtropfen lassen.
Die Béchamelsauce nach Belieben würzen, die Hälfte des Käses untermischen. Den Mais und die in Stücke geschnittenen Spargel zufügen, gut vermengen und in eine gebutterte ofenfeste Form einfüllen.
Mit dem restlichen geriebenen Käse bedecken, Butterflöckchen daraufsetzen und bei mittlerer Hitze etwa 25 Minuten im Ofen überbacken.

Mais mit Paprika

1 Dose Gemüsemais (500 g),
1 kg Tomaten,
500 g Zwiebeln,
100 g Rosinen,
2 Gewürznelken,
2 Lorbeerblätter,
Salz, Pfeffer,
Paprika,
Chilipulver (nach Belieben),
Öl

Die Rosinen in einer Schüssel mit lauwarmem Wasser mindestens ½ Stunden einweichen.
Die Zwiebeln hacken, die Tomaten enthäuten und achteln. Die Tomatenachtel in einem Topf in etwas Öl andünsten. Salzen, pfeffern, Lorbeerblatt und Gewürznelken beifügen, auf kleiner Flamme kochen lassen, dabei ständig umrühren und, wenn nötig, gelegentlich Wasser zugießen.
In einer Pfanne die Zwiebeln in Öl goldbraun werden lassen, salzen und pfeffern. Sobald sie weich sind, die abgetropften Rosinen zufügen, noch einige Minuten weiterbraten lassen, dann mit der Tomatensauce vermischen. Mit einem guten Eßlöffel Paprika und nach Belieben einer Messerspitze Chilipulver würzen. Den abgetropften Mais beifügen und alles unter vorsichtigem Umrühren ein paar Minuten erhitzen, dann servieren.

Kascha mit Champignons und Oliven

300 g Buchweizen (Kascha),
500 g Champignons,
250 g schwarze Oliven,
300 g Zwiebeln,
Salz, Pfeffer,
1 Zweiglein Thymian,
1 Zweiglein Rosmarin,
Öl, 1 Knoblauchzehe
(nach Belieben)

Den Buchweizen mit der doppelten Menge Salzwasser, Thymian und Rosmarin kochen. Währenddessen die Oliven entsteinen, die Zwiebeln hacken und die Champignons in Scheibchen schneiden. Die Zwiebeln in etwas Öl anbraten, dann die Champignons zusammen mit der zerdrückten oder gehackten Knoblauchzehe zufügen. Sobald die Champignons eine goldgelbe Farbe annehmen, die Oliven dazugeben. Salzen, pfeffern und alles ein paar Minuten andünsten lassen. Wenn der Buchweizen gar ist, Thymian und Rosmarin entfernen, den Buchweizen in den Topf zu der Champignon-Oliven-Mischung geben und alles gut vermengen. Abschmekken, eventuell nachwürzen und alles zusammen vor dem Servieren noch 5 bis 10 Minuten auf kleiner Flamme durchziehen lassen.

Kascha Surprise

150 g Buchweizen (Kascha),
Salzwasser (nach Belieben die dreifache Menge Milch),
500 g Kartoffeln,
15 cl Milch,
30 g Butter,
Salz, Pfeffer,
Möhrensauce,
¼ Dose grüne Bohnen (125 g) oder 150 g frische grüne Bohnen, gekocht

Die Möhrensauce zubereiten.
Den Buchweizen in Salzwasser oder mit Milch nach obenstehendem Rezept kochen.
Die Kartoffeln garen, zu Püree verarbeiten, mit Milch und ein wenig Butter verfeinern.
Kartoffelpüree, Möhrensauce und grüne Bohnen gut vermischen. In eine ziemlich tiefe Schüssel abwechselnd eine Lage Buchweizen, eine Lage Kartoffelpüree füllen. Mit Kartoffelpüree abschließen. Heiß servieren.

Polenta mit Sojasauce und Oliven

300 g Maisgrieß,
die 4–5fache Menge Wasser,
1 Glas Sojasauce,
100 g schwarze Oliven,
Pfeffer,
Salz (nach Belieben),
Basilikum,
1 Knoblauchzehe,
1 Zwiebel

Die Knoblauchzehe zerdrücken, die Zwiebel fein hacken, die Oliven entsteinen und in Stücke schneiden.
Das Wasser mit sehr wenig Salz erhitzen (die Sojasauce und die Oliven enthalten genug, um die Polenta zu salzen). Wenn das Wasser kocht, den Maisgrieß hineinrieseln lassen, dabei ununterbrochen mit einem Holzlöffel umrühren, bis das ganze Wasser verschwunden und die Polenta dick ist. Dann die Sojasauce, die Oliven, die Zwiebel, den Knoblauch, Pfeffer und Basilikum zufügen und noch einige Minuten kochen lassen, gut durchrühren. Aufpassen, die einzelnen Grießkörnchen sollen nicht aneinander hängenbleiben.

Buchweizen mit Milch

300 g Buchweizen (Kascha),
die dreifache Menge Milch,
50 g Butter,
1 EL Crème fraîche,
80 g geriebener Käse
(nach Wahl),
Salz, Pfeffer

Die Milch in einem großen Topf erhitzen. Sobald sie kocht, den Buchweizen hineinschütten. Leicht salzen, von Zeit zu Zeit mit einer Gabel umrühren, um die Körnchen voneinander zu trennen und um zu verhindern, daß die Milch an der Oberfläche eine dicke Haut bildet. Nach 20 Minuten pfeffern, die Butter beifügen, noch 1 bis 2 Minuten ohne Deckel auf dem Feuer lassen, damit die restliche Flüssigkeit verdunstet. Vom Feuer nehmen, vor dem Servieren noch die Crème fraîche und den geriebenen Käse daruntermischen.

Anmerkung:
Mit Milch statt mit Wasser können Sie fast alle Buchweizengerichte zubereiten. Die Speisen werden dadurch viel nahrhafter und cremiger.

Hirse mit Zucchini

300 g Hirse,
4–6 Zucchini,
3 Zwiebeln,
2 Knoblauchzehen,
1 Kräutersträußchen,
Salz, Pfeffer,
Rosmarin,
Feldthymian (Quendel),
Olivenöl,
einige Stengel Petersilie

Die Hirse mit der doppelten Menge Salzwasser und dem Kräutersträußchen aufkochen.
In der Zwischenzeit die Zucchini waschen, mit der Schale in ganz kleine Würfelchen schneiden.
Die Zwiebeln hacken, in etwas Öl goldgelb dünsten. Den zerdrückten Knoblauch und die Zucchiniwürfel zugeben, mit Salz, Pfeffer, Rosmarin und ein wenig Feldthymian würzen, die Zucchini bei mittlerer Hitze anbräunen lassen. Dabei, wenn nötig, hin und wieder etwas Öl zugießen.
Sobald die Zucchini gar sind, die Hirse zufügen, gut vermengen und kurz vor dem Servieren mit gehackter Petersilie bestreuen.

Hirse mit Tomaten

300 g Hirse,
4–6 Tomaten,
4 schöne Zwiebeln,
1 Kräutersträußchen,
2 Knoblauchzehen,
Salz, Pfeffer,
Öl (vorzugsweise Olivenöl),
50 g entsteinte schwarze Oliven

Die Hirse mit der doppelten Menge Salzwasser aufsetzen, Deckel auflegen und bei schwacher Hitze so lange köcheln lassen, bis alle Flüssigkeit absorbiert ist (20 bis 25 Minuten). In der Zwischenzeit die Zwiebeln hacken, in etwas Öl andünsten. Die Tomaten mit heißem Wasser überbrühen, häuten, das Fruchtfleisch würfeln, die Würfel zu den Zwiebeln geben. Salzen und pfeffern, die zerdrückten Knoblauchzehen und das Kräutersträußchen zufügen, bei geringer Hitze wie eine Tomatensauce kochen lassen.
Sobald die Hirse gar ist, in die Sauce mischen, von der zuvor das Kräutersträußchen entfernt wurde. Das Gericht mit schwarzen Oliven bestreuen und auf den Tisch bringen.

Graupen mit Rosinen (Türkei)

300 g Graupen,
4 rote Paprikaschoten,
50 g Pinienkerne,
50 g gehackte Mandeln,
100 g Rosinen
oder 100 g Backpflaumen,
1 kleines Sträußchen Kerbel,
3 g Safran,
5 EL Öl (vorzugsweise Olivenöl)

Die Graupen 1 Stunde in kaltem Wasser einweichen.
Die Rosinen (oder die Backpflaumen) in lauwarmes Wasser legen.
Die Graupen abtropfen, in einer großen Kasserolle mit zweieinhalbmal soviel kaltem Salzwasser aufsetzen. Pfeffern. Ungefähr ¾ Stunden köcheln lassen, bis die Graupen gar sind. In der Zwischenzeit die Paprikaschoten von Kernen befreien, das Fruchtfleisch in Streifen schneiden und in etwas Öl dünsten.
Wenn die Paprikastreifen gar sind, aus der Pfanne nehmen, in dem Kochfett den Safran auflösen und auf die Graupen gießen. Gut vermischen, dann die Paprikastreifen, die Rosinen oder Backpflaumen, die Mandeln und Pinienkerne (wenn Sie wollen, ganz kurz in Butter angebraten) zufügen.
Dieses Gericht heiß oder kalt, mit Pinienkernen oder Mandeln dekoriert und mit gehacktem Kerbel bestreut servieren.

Weizen mit Gemüse

300 g Vollweizen,
1 kg Lauch,
5–6 Möhren,
2 schöne Zwiebeln,
1 Gewürznelke,
2 weiße Rübchen
(Teltower Rübchen),
1 Kräutersträußchen,
Salz, Pfefferkörner,
Olivenöl

Die Gemüse putzen, den Lauch der Länge nach in Hälften, die Möhren in Viertel schneiden. Die weißen Rübchen, wenn sie groß sind, ebenfalls vierteln, die Zwiebeln ganz lassen. Eine Zwiebel mit der Gewürznelke bestecken. Die Weizenkörner in einen großen Topf geben, mit der dreifachen Menge Wasser übergießen, salzen, das Kräutersträußchen und einige Pfefferkörner hineingeben, alle Gemüse zufügen. Den Deckel auflegen, ungefähr 1 Stunde bei mittlerer Hitze kochen. Vor dem Servieren etwas Olivenöl über die Zubereitung träufeln.

›Halim‹ (Indien)

500 g Grahamweizen,
2 EL rote Linsen,
2 EL Sojabohnen (mung dâl),
2 EL Kichererbsen,
250 g frische Perlerbsen (enthülst),
2 Auberginen,
½ Blumenkohl,
2 Paprikaschoten,
250 g Zwiebeln,
200 g frischer Ingwer,
1 Zimtstange,
2 Kardamomkapseln,
1 TL Curcuma,
Salz, Pfeffer oder Chilipulver, Öl,
10 kleine grüne Peperoni (nach Belieben),
frischer Koriander (nach Belieben)

Den Weizen, die Linsen, die Sojabohnen und die Kichererbsen jeweils extra etwa 12 Stunden quellen lassen.
Immer noch getrennt im jeweiligen Einweichwasser zum Kochen bringen. Wenn sie gar sind, alle zusammen grob zerdrücken. Die Gemüse putzen, die Paprikaschoten von den Kernen befreien. Die Zwiebeln und den Ingwer fein hacken, die Auberginen in dünne Scheiben, die Paprikaschoten in Ringe schneiden, den Blumenkohl in etwa gleich große Röschen teilen. In einem Schmortopf das Öl erhitzen, darin die Zwiebeln und den Ingwer andünsten. Sobald sie hellgelb sind, Curcuma, Chilipulver, Kardamomkapseln, Zimt und Salz dazugeben. Kurz anrösten lassen, dann die Perlerbsen beifügen und ebenfalls kurz anrösten. Mit Wasser bedecken und kochen, bis die Perlerbsen gar sind. Dann die übrigen Gemüse zufügen und 5 Minuten kochen. Die Weizen-Hülsenfrüchte-Mischung in den Topf geben und so lange kochen lassen, bis der Inhalt dick und kräftig ist.
Mit frischen Korianderblättern und kleinen grünen Peperoni bestreut servieren.

Weizen mit Paprikastreifen

300 g Vollweizen,
4 Paprikaschoten,
2 Zwiebeln,
2 Tomaten,
250 g Champignons,
1 Kräutersträußchen,
Salz, Pfeffer,
Öl

Die Weizenkörner mit der dreifachen Wassermenge, dem Kräutersträußchen und Salz kochen.
Währenddessen die Champignons putzen, ganz lassen, wenn sie klein sind. Große in Scheibchen schneiden. Die Champignons in etwas Öl andünsten, salzen und pfeffern.
Die Paprikaschoten von den Kernen befreien, das Fruchtfleisch in Streifen schneiden, mit den geschälten und gehackten Zwiebeln in Öl andünsten. Sobald sie weich werden, die in Würfel geschnittenen Tomaten zufügen. Salzen und pfeffern, auf kleiner Flamme etwa 10 Minuten köcheln lassen. Dann die Champignons und den gekochten Weizen, von dem das Kräutersträußchen entfernt wurde, hineingeben. Gut vermengen und vor dem Servieren noch 5 Minuten weiterkochen lassen.

Gnocchi

500 g Weizengrieß,
½ l Milch,
½ l Wasser,
50 g Butter,
200 g geriebener Gruyère,
Salz, Muskatnuß

Das Wasser mit der Milch, der Butter, dem Salz und einer Messerspitze Muskat zusammen aufsetzen. Sobald es kocht, den Grieß einrieseln lassen, 10 Minuten kochen, dabei ohne Unterbrechung umrühren.
Den Topf vom Feuer nehmen und den geriebenen Käse hineingeben. Gut vermengen. Den Grieß in eine flache Form geben und darin kalt werden lassen.
In quadratische oder rechteckige Portionen schneiden, auf eine ofenfeste Form setzen, auf jede Portion 1 kleines Stück Butter und etwas Käse geben. Zum Überbacken ein paar Minuten in den Ofen schieben.
Diese Gnocchi passen zu einem gut gewürzten Salat oder – noch besser – zu Kresse, mit Knoblauch und Sojasauce angemacht.

Goldgelber Weizengrieß

Für 4 Personen:

250 g Grieß,
1 l Wasser,
100 g Butter,
150 g geriebener Käse (Gruyère),
Salz, Pfeffer

Den Grieß in das kochende Wasser hineinrieseln lassen, salzen, pfeffern, Butter und Käse zufügen und unter ständigem Umrühren 10 Minuten kochen.
Den Grieß in eine Form von etwa 3 cm Tiefe füllen. Sobald er abgekühlt ist, in 3 bis 5 cm lange Streifen schneiden, diese in einer Pfanne in wenig Butter goldbraun braten.
Zu Tomatensauce mit Champignons oder einer Ratatouille reichen.

Schnelles Couscous auf marokkanische Art

Die Gemüse:

1 Tomate, 3 Möhren,
2 weiße Rübchen (Teltower Rübchen),
2 Artischockenböden,
4 oder 5 Mangoldrippen,
½ Weiß- oder Rotkohl,
2 Zwiebeln,
3 Knoblauchzehen,
1 Stengel Sellerie,
ca. 500 g Kürbis,
3 Zucchini,
½ Dose Kichererbsen,
Salz, Pfeffer,
Kreuzkümmel (gemahlen),
3 Gewürznelken,
1–2 Lorbeerblätter,
Paprikapulver,
Schwarzkümmel,
Öl (vorzugsweise Olivenöl)

Die Gemüse putzen. Die Zwiebeln hacken. Die Möhren halbieren, die Mangoldrippen in Stücke schneiden.
In einem großen Topf die Zwiebeln in etwas Öl andünsten. Sobald sie Farbe nehmen, die Tomate, die Möhren, die weißen Rübchen, die Mangoldstücke, die halbierten Artischockenböden und die Knoblauchzehen zufügen. Den Weißkohl ebenfalls dazugeben. Wenn Sie Rotkohl gekauft haben, diesen zuerst eine Viertelstunde in einem anderen Topf kochen, damit der rote Saft austritt, den Sie wegschütten müssen (andernfalls erhalten Sie eine schwarze Gemüsebrühe!). Ungefähr 2 l Wasser dazugießen und bei mittlerer Hitze kochen lassen.

Nach 1 Stunde Kochzeit die halbierten Zucchini, den Kürbis, Lorbeerblatt, Salz und die übrigen Gewürze dazugeben. Die Kichererbsen zufügen.
Wenn Sie wollen, können Sie die Kichererbsen auch selbst kochen, Sie müssen damit nur früh genug anfangen.
Die Brühe abschmecken: Sie sollte ziemlich salzig sein, das Aroma von Kreuzkümmel muß dominieren.
Den Couscousgrieß und die diversen Beilagen vorbereiten.

Der Grieß:

500 g Couscousgrieß, vorgekocht,
60 g Butter,
Salz, Kreuzkümmel

Den Couscousgrieß in eine große Salatschüssel oder in ein Tongefäß geben. Salz, Kreuzkümmel und die Butter zufügen. So viel kochendheiße Gemüsebrühe darübergießen, daß sie den Grieß um knapp 1 cm überragt. Die Schüssel zudecken, ¼ Stunde stehen lassen, damit die Grießkügelchen anschwellen können.

Marokkanische Sauce:

2 große Zwiebeln,
1 Glas Öl,
Paprikapulver,
1 Tütchen Safran

Die Zwiebeln hacken und im heißen Öl andünsten. Sobald sie weich werden, aber noch keine Farbe genommen haben, den Paprika und den in sehr wenig Brühe aufgelösten Safran zufügen. Weiterkochen lassen, bis die Zwiebeln schön goldbraun sind.
Stellen Sie zusätzlich eine Schüssel mit Rosinen auf den Tisch (eine gute Handvoll, vorher in Gemüsebrühe quellen lassen) und reichen Sie ein Schälchen mit scharfer Sauce (Harissa) dazu.

Couscous auf tunesische Art

Die Kichererbsen:

250 g Kichererbsen,
1 Kräutersträußchen,
2 Gewürznelken

Die Kichererbsen 12 Stunden quellen lassen, dann in Salzwasser mit den Gewürznelken und dem Kräutersträußchen 4 Stunden kochen lassen. (Im Schnellkochtopf brauchen sie 50 Minuten.)

Die Gemüse:

500 g Möhren,
500 g weiße Rübchen,
500 g Zucchini,
250 g Kartoffeln,
500 g Tomaten,
2 Paprikaschoten,
2 Zwiebeln,
½ Selleriestengel,
3 Knoblauchzehen,
1 Dose oder Tube Harissa,
Salz, Pfeffer,
50 g Butter

Die Gemüse putzen und in ungefähr gleich große Stücke schneiden. In einem Schmortopf die Butter schmelzen lassen und bei schwacher Hitze sämtliche Gemüse außer den Zucchini etwa 25 Minuten andünsten. Gelegentlich umrühren. Salzen, pfeffern, nach Belieben Harissa zufügen, dann 2 l heißes Wasser zugießen. 30 Minuten kochen lassen. Danach die Zucchini und die gekochten, abgetropften Kichererbsen in den Topf geben. Bei mäßiger Hitze fertigkochen.

Der Grieß:

500 g Couscousgrieß,
150 g Butter,
Salz

Eine halbe Stunde bevor die Gemüse gar sind, den Couscousgrieß in eine große Schüssel gießen. Bis zur Hälfte mit kaltem Salzwasser auffüllen und 5 Minuten quellen lassen, dabei den Grieß von Hand vermengen, damit er sich gleichmäßig mit Wasser vollsaugen kann. Den Grieß dann in den Siebeinsatz des Couscoustopfes umfüllen, diesen über den Topf hängen, in dem die Gemüse garen, im Dampf 10 Minuten kochen lassen.

Wenn Sie keinen speziellen Couscoustopf besitzen, füllen Sie den Couscousgrieß in ein Sieb, das Sie zuvor mit einem doppelt gefalteten Mulltuch ausgelegt haben, damit die Grießkugelchen nicht durchfallen. Dieses Sieb hängen Sie nun in den Topf, in dem die Gemüse garen, dabei achtgeben, daß es nicht die Kochflüssigkeit berührt. Nach 10 Minuten schütten Sie das Couscous in eine Schüssel und lockern es mit einer Gabel. Dann wieder vorsichtig in das Sieb umfüllen, wie zuvor in den Topf hängen und weitere 10 Minuten kochen lassen. Anschließend wiederum in die Schüssel geben, mit der Gabel auflockern, die Butter in kleinen Flöckchen daruntermischen. Den Couscous noch einmal in das Sieb umfüllen, wieder in den Topf hängen, nach 5 Minuten servieren. Den Couscous und die Gemüse mit Brühe getrennt auf den Tisch bringen.

Hülsenfrüchte

Cassoulet mit Oliven

250 g getrocknete grüne Bohnenkerne,
250 g Champignons oder Steinpilze oder Morcheln,
3 Möhren,
1 schönes weißes Rübchen,
2 Zwiebeln,
4 mittelgroße Kartoffeln,
1 Lauchstange,
100 g entsteinte schwarze Oliven,
1 Knoblauchzehe,
1 Kräutersträußchen,
1 Zweiglein Estragon (nach Belieben),
1 Gewürznelke,
Salz, Pfeffer, Öl

Die Bohnen am Vorabend in kaltem Wasser einweichen. Am nächsten Tag einige Minuten blanchieren, anschließend abtropfen lassen.
Die Gemüse putzen, die Zwiebeln hacken, die Möhren in nicht zu dünne Scheiben schneiden, das weiße Rübchen, die Kartoffeln und die Lauchstange in Stücke teilen. Die Knoblauchzehe hacken, die Champignons, wenn sie groß sind, halbieren. In einem Schmortopf in Öl die Zwiebeln, die Möhren, die Kartoffeln, das weiße Rübchen und die Pilze jeweils extra andünsten. Dann alles – außer den Kartoffeln – zusammen in den Topf geben. Die Bohnen, das Kräutersträußchen, den Estragon, die Gewürznelke, die Lauchstückchen, den gehackten Knoblauch und die schwarzen Oliven beifügen. Mit Pfeffer und Salz würzen. Mit Wasser auffüllen, bis alles gerade bedeckt ist, den Deckel auflegen und bei geringer Hitze ungefähr 2 Stunden kochen lassen, dabei, wenn nötig, gelegentlich etwas Wasser zugießen.
45 Minuten vor Ende der Kochzeit die Kartoffeln zufügen.

Überbackene weiße Bohnen

Für 6 Personen:

500 g getrocknete weiße Bohnen,
500 g Kürbis,
100 g Butter,
3 Zwiebeln,
2 Paprikaschoten,
100 g geriebener Gruyère,
2 EL Crème fraîche,
Salz, Pfeffer,
1 dl Béchamelsauce

Die Bohnen mehrere Stunden in kaltem Wasser einweichen. Kochen und beiseite stellen.
In einer Kasserolle die Hälfte der Butter schmelzen lassen, den in Stückchen geschnittenen Kürbis hineingeben. Ohne Wasser mit aufgelegtem Deckel bei sehr schwacher Hitze köcheln lassen, dann im Mixer pürieren und zur Seite stellen. In einem anderen Topf die kleingeschnittenen Zwiebeln und Paprikaschoten in Butter andünsten. Salzen und pfeffern, dann das Kürbispüree, die Béchamelsauce, die Crème fraîche und die weißen Bohnen dazugeben. Alles gut vermischen, in eine ofenfeste Form füllen und mit geriebenem Käse bedecken. Im Ofen ungefähr 15 Minuten überbacken lassen.

Scharfe rote Bohnen

500 g getrocknete rote Bohnen,
4 Tomaten,
3 schöne Zwiebeln,
1 Knoblauchzehe,
20 g Butter,
1 EL brauner Zucker,
1 TL scharfer Senf,
½–1 TL Chilipulver oder getrocknete Chilischoten (gemahlen),
Salz

Die vorbereiteten Bohnen in Salzwasser garen.
Zwiebeln und Knoblauch schälen, die Tomaten häuten.
Die gehackten Zwiebeln und den zerdrückten Knoblauch in Butter andünsten; wenn sie weich sind, die in ganz kleine Würfel geschnittenen Tomaten zufügen. Mit Zucker, Salz, Senf und Chilipulver oder gemahlenen Chilischoten würzen, dann ungefähr 20 Minuten kochen lassen, es sollte eine sämige Sauce entstehen.
Die roten Bohnen dazuschütten und bei schwacher Hitze noch weitere 10 bis 15 Minuten köcheln lassen.

Süß-saure Bohnen

500 g getrocknete weiße Bohnen,
50 g Zucker,
2 EL Salz,
1 Zimtstange,
1 EL Honig,
½ Glas Essig (wenn vorhanden, Apfelweinessig verwenden)

Die Bohnen rund 10 Stunden einweichen. Mit 1 l Wasser auf kleiner Flamme etwa ½ Stunde kochen lassen. Dann die übrigen Zutaten beifügen, gut vermengen. Bei schwacher Hitze ohne Deckel weiterköcheln lassen, bis die Bohnen gar sind, dabei von Zeit zu Zeit umrühren. Das Gericht sehr heiß servieren.

Dal

In Indien werden verschiedene Linsensorten – mehrere Dutzend – ›dal‹ genannt, einige davon kann man auch bei uns kaufen. Es handelt sich hauptsächlich um:

- mung dal oder ›Sojabohnen‹, sie haben eine gelbe oder gebrochen weiße Farbe;
- masur dal, sie haben eine lachsrote Farbe.
- Außerdem gibt es noch grüne Linsen und gespaltene Erbsen, genau wie bei uns . . .

Als mehr oder weniger flüssiges Püree zubereitet und gut gewürzt passen dal zu Reis, Getreideküchlein und Gemüse.

Tips für die Zubereitung von dal
Man kann sie am Vortag kochen, aufgewärmt schmecken sie noch besser.
Nehmen Sie ziemlich viel Butter (z. B. 50 bis 100 g). Sie können die Menge reduzieren (oder die Butter durch Öl ersetzen), aber ein echtes dal-Gericht sollte viel Fett enthalten, gewöhnlich schwimmt geschmolzene Butter auf der Oberfläche . . . Nicht zuviel Wasser auf einmal zugießen. Es ist besser, es nach Bedarf zuzugeben. Allerdings sollte immer genügend Flüssigkeit im Topf sein, sonst kleben die einzelnen dal aneinander und bilden eine Art Kugeln . . .

Das Wasser sollte kräftig kochen, damit die dal ständig in Bewegung sind. Doch Vorsicht, weder zu stark (damit sie nicht aus dem Topf spritzen) noch zu schwach (damit sie nicht am Boden liegen bleiben).
Zu Beginn der Kochzeit bildet sich häufig ein dicker Schaum an der Oberfläche. Sie können ihn durch vorsichtiges Umrühren verteilen oder, wenn es wirklich zu viel ist, mit einem Schaumlöffel entfernen: Dabei ein wenig zurücklassen, er gibt den dal Würze . . .

Gelbe dal mit Kokosnuß (Bengalen)

150 g gelbe dal
(Sojabohnen),
1 TL Curcuma,
½–1 TL Ingwer (gemahlen),
1½ TL Salz,
2 Stück Würfelzucker,
6 EL Kokosnußraspel,
50–100 g Butter,
3 Lorbeerblätter,
2 getrocknete Chilischoten
Nach Belieben:
5–10 g frischer Ingwer,
2 Knoblauchzehen,
3 Zwiebeln

Die dal in einer Pfanne trocken anrösten, dabei ständig umrühren, damit sie nicht anbrennen. Sobald einzelne dal eine schwärzliche Farbe annehmen, setzt man sie in ¾ Liter Wasser mit Salz, Zucker, Curcuma und gemahlenem Ingwer auf. Bei mittlerer Hitze ungefähr 45 Minuten kochen lassen, wenn nötig, mehr Wasser zugießen. Die dal sind gar, wenn sie geplatzt sind und eine Art Püree bilden: Man muß sie zwischen Daumen und Zeigefinger völlig zermusen können. Die Kokosnußraspel hineinrieseln lassen, umrühren und kurz vom Feuer nehmen.
In einem Schmortopf die Butter schmelzen lassen. Lorbeerblatt und Pfefferschoten darin anrösten, eventuell auch den Knoblauch, den gehackten Ingwer und die zuvor goldgelb gedünsteten Zwiebeln. Schön braun werden lassen, dann langsam die dal dazuschütten. Bei sehr schwacher Hitze noch 5 bis 10 Minuten köcheln, dann servieren.

Gelbe dal mit Tomaten (Indien)

150 g gelbe dal (Sojabohnen),
2 Stück Würfelzucker,
2 gestrichene TL grobes Salz,
1 TL Curcuma,
⅓–½ TL Paprikapulver (edelsüß),
5–6 mittelgroße Tomaten,
2 Lorbeerblätter,
2 Knoblauchzehen,
5 g frischer Ingwer,
2 Zwiebeln,
50–100 g Butter

Die dal verlesen, waschen, in ungefähr ¾ l lauwarmem oder kaltem Wasser aufsetzen. Salz, Zucker, Curcuma, Paprikapulver und die enthäuteten, in kleine Würfel geschnittenen Tomaten zufügen. Zum Kochen bringen. Wenn die Mischung zu dick wird oder wenn die dal anfangen, sich zu Klümpchen zusammenzuballen, nach Bedarf kochendes Wasser zugießen. Im allgemeinen gießt man nach ½ Stunde Kochzeit ungefähr ¼ l Wasser zu, nach einer ¾ Stunde ist noch ¼ l Wasser fällig. Die Kochzeit beträgt etwa 1 Stunde. Allerdings hängt die benötigte Wassermenge stets von der Qualität der dal ab. Manche Sorten brauchen mehr, andere weniger. Dasselbe gilt für die Geschwindigkeit, in der sie zu Püree zerfallen . . .

In der Zwischenzeit die Zwiebeln hacken und in etwas Öl goldgelb dünsten.

Sobald die dal gar sind, in einem Schmortopf die Butter schmelzen lassen. Darin die Lorbeerblätter, den feingehackten Knoblauch und Ingwer anrösten. Nach 2 bis 3 Minuten die Zwiebeln zufügen, dann die heißen dal – vorsichtig, damit sie nicht spritzen – dazuschütten. Auf kleiner Flamme noch ein paar Minuten köcheln lassen, dabei gelegentlich mit einem Holzlöffel umrühren.

Gelbe dal mit Tomaten (die schlanke Version)

Für alle, die nicht zuviel Butter essen wollen oder dürfen, das gleiche Rezept, entsprechend abgewandelt:

150 g gelbe dal,
2 Stück Würfelzucker,
2 gestrichene TL grobes Salz,
1 TL Curcuma,
2 Knoblauchzehen,
1 gute Msp Ingwer (gemahlen),
5–6 mittelgroße Tomaten,
1/3–1/2 TL Paprikapulver (edelsüß)

Die dal verlesen und waschen, wie im vorhergehenden Rezept beschrieben kochen, zusätzlich noch den Ingwer und die in Viertel geschnittenen Knoblauchzehen in das Kochwasser geben. Vom Herd nehmen, sobald die dal eine püreeartige Konsistenz angenommen haben.

Diese Version ist nicht ganz so cremig, etwas weniger traditionell, aber einfacher, schneller und . . . trotzdem ganz köstlich.

Rote dal mit Kreuzkümmel (Indien)

150 g rote dal,
2 Stück Würfelzucker,
1 oder 2 frische grüne Peperoni oder 2–3 getrocknete rote Chilischoten,
1 EL Salz,
1 EL Curcuma,
3 Lorbeerblätter,
1 EL Kreuzkümmel (ganz),
1 EL Kümmel (ganz),
1 EL Erdnußöl,
50–100 g Butter

Die dal verlesen, mit den Peperoni, dem Salz, dem Zucker und dem Curcuma kochen, bis sie eine püreeartige Konsistenz angenommen haben (30 Minuten bis 1 Stunde, je nach Qualität der Linsen).

In einem Schmortopf das Öl und die in Stücke geschnittene Butter erhitzen. Sobald die Butter zerlaufen ist und zu zischen beginnt, die Lorbeerblätter, den Kreuzkümmel und den Kümmel darin anrösten. Wenn Sie keine Peperoni finden konnten, geben Sie auch die getrockneten Pfefferschoten dazu. Sobald die Mischung leicht bräunlich geworden ist, die dal zufügen. Einige Minuten auf geringer Hitze köcheln lassen, dabei von Zeit zu Zeit mit einem Holzlöffel umrühren.

Sojabohnen mit Spinat

1 kg Spinat,
150 g gelbe dal ›mung‹ (Sojabohnen),
1 Zwiebel,
1 TL Curcuma,
1 TL Kümmel (ganz),
1 kleines Stück frischer Ingwer,
2 EL Öl,
Salz und Chilipulver nach Geschmack

Die Zwiebel und den Ingwer schälen, beide fein hacken.
Die Sojabohnen verlesen und waschen, in ungefähr ¾ l Salzwasser zum Kochen aufsetzen. Curcuma und Chilipulver zufügen.
Inzwischen den Spinat waschen und grob hacken. In kochendem Wasser blanchieren, dann pürieren.
Wenn die Sojabohnen halb gar sind (ungefähr nach ½ Stunde), den Spinat zufügen und auf kleiner Flamme fertigkochen, dabei gelegentlich, wenn nötig, ein wenig kochendes Wasser zugießen. Vorsicht: Nehmen Sie stets nur ganz wenig Wasser, denn das fertige Gericht sollte die Konsistenz eines dicken Pürees haben.
Das Öl erhitzen, darin die Zwiebel und den Ingwer goldbraun rösten, dann den Kümmel zufügen. Noch ganz kurz weiterbraten. Auf die Sojabohnen mit Spinat schütten und gut vermischt servieren.

Erbsen mit Kräutern

300 g getrocknete Erbsen,
1 Msp doppeltkohlensaures Natron,
1 Zweiglein Thymian,
1 Zweiglein Rosmarin,
Salz, Pfeffer,
einige Knoblauchzehen (nach Geschmack)

Die Erbsen gründlich waschen, 12 Stunden einweichen, dem Wasser Natron zufügen.
Abtropfen lassen, mit reichlich Wasser und Knoblauch in einen Topf geben und bei ganz milder Hitze kochen lassen. Die Erbsen sind gar, wenn sie sich leicht zerdrücken lassen.
Wenn Sie weiteres Gemüse zufügen wollen, geben Sie diese 1 Stunde vor Ende der Kochzeit in den Topf. In der letzten ½ Stunde Thymian, Rosmarin, Salz und Pfeffer hineingeben und mitkochen lassen.
Trockene Bohnen kann man auf dieselbe Weise zubereiten.

Püree aus Kichererbsen ›hoummos‹ (Libanon)

Vorbereitungszeit: 25 Minuten; Kochzeit: 3 Stunden. Sie brauchen viel Zeit, aber das Ergebnis schmeckt köstlich!

500 g Kichererbsen,
1 TL doppeltkohlensaures Natron,
1 Glas Sesamöl,
2 Knoblauchzehen,
1 Msp grobes Salz,
2 Zitronen,
24 schwarze Oliven,
1 EL Paprikapulver,
einige Petersilienstengel

Die Kichererbsen waschen, über Nacht mit der Hälfte des Natrons einweichen.
Am nächsten Tag die Kichererbsen abtropfen lassen, noch einmal unter fließendem Wasser waschen, dann mit viel kaltem Wasser und dem restlichen Natron in einem großen Topf aufsetzen. Bei milder Hitze 3 Stunden köcheln. Abkühlen lassen.
In der Zwischenzeit die Knoblauchzehen schälen, mit grobem Salz im Mörser zerstoßen, dann langsam das Öl einarbeiten. Die Kichererbsen pürieren (Gemüsemühle, Mixer), das Püree in eine Schüssel füllen. Die Knoblauch-Öl-Mischung vorsichtig dazugießen, dabei ständig umrühren, dann den Saft von einer Zitrone hineingeben. Abschmecken, das Püree mit Paprikapulver bestäuben und gehackter Petersilie darüberstreuen. Die zweite Zitrone in Scheiben schneiden. Das Gericht mit Zitronenscheiben und den Oliven hübsch verzieren. Gut gekühlt servieren.

Kichererbsenkroketten

500 g gekochte Kichererbsen oder 1 Dose von 500 g,
2 Kartoffeln,
1 Sträußchen Petersilie,
1 Zwiebel,
Salz, Pfeffer, Öl

Die Kartoffeln in Salzwasser kochen. Zusammen mit den Kichererbsen pürieren (im Mixer, Gemüsemühle). Das Püree in eine Schüssel geben, gehackte Petersilie und Zwiebel zufügen, salzen, pfeffern und gut vermengen. Aus diesem Teig Kroketten formen, in etwas Öl in einer Pfanne anbraten, dabei öfter drehen, damit sie auf allen Seiten goldbraun werden.

Kichererbsen nach Art von Penjab

400 g Kichererbsen (wenn möglich, aus Afghanistan),
2 schöne Zwiebeln,
2 Kartoffeln,
2 Tomaten,
1 EL Kreuzkümmel (gemahlen),
1 EL Koriander (gemahlen),
1 EL Garam Masala (siehe Seite 221),
1 EL Amchoor (unreife Mangos, pulverisiert; nach Belieben),
2 EL Chilipulver,
½ TL schwarzer Pfeffer (gemahlen),
½ TL doppeltkohlensaures Natron, Salz,
40–50 g Butter,
1 Zwiebel,
1 Zitrone

Die Kichererbsen genügend lange einweichen. In Salzwasser mit Natron kochen lassen.
In der Zwischenzeit die Tomaten und Kartoffeln schälen, in Würfel schneiden. Die beiden Zwiebeln hacken. Die Kartoffeln in einem Topf in Butter schmoren. Sobald sie gar sind, herausholen und die Zwiebeln darin hellgelb dünsten. Nun den Koriander, den Kreuzkümmel und das Chilipulver zufügen, kurze Zeit mitbraten, dann die gekochten, abgetropften Kichererbsen dazuschütten. Nach 5 Minuten das Garam Masala, den Pfeffer und eventuell das Amchoor zufügen. Gut umrühren, damit die Gewürze gleichmäßig auf den Kichererbsen verteilt werden. Dann die Kartoffeln und die Tomaten zufügen und noch 5 Minuten köcheln lassen.
Diese kräftig gewürzten Kichererbsen serviert man mit einer rohen gehackten Zwiebel und, wer mag, träufelt noch ein wenig Zitronensaft darüber.

Kichererbsen mit Kokosnuß (Indien)

500 g Kichererbsen,
80–100 g frische Kokosnußraspeln,
1 Zitrone,
½ TL Kreuzkümmel (gemahlen),
1 TL Curcuma,
Salz, 1 kleine getrocknete Chilischote,
1 TL Kümmel (ganz),
ungefähr 50 g Butter

Die Kichererbsen über Nacht in kaltem Wasser einweichen. Abtropfen lassen. Mit der vierfachen Menge kaltem Wasser aufsetzen. Salzen, Curcuma und den gemahlenen Kreuzkümmel zufügen. Zum Kochen bringen und ungefähr 3 Stunden kochen lassen, bis die Kichererbsen gar sind. Dann die Kokosnußraspeln und den Zitronensaft dazugeben.
Die Butter in einer Pfanne zergehen lassen, darin die Chilischote und den Kümmel anrösten. Sobald sie eine dunkelbraune Farbe annehmen, zu den Kichererbsen geben. Gut vermischen und servieren.

Linsen mit Möhren

300 g grüne Linsen aus Puy,
1 kg Möhren,
500 g Zwiebeln,
Salz, Pfeffer,
1 Kräutersträußchen,
1 Gewürznelke,
1 ganz dünner Selleriestengel,
Öl und Butter

Die verlesenen Linsen am Vorabend in kaltem Wasser einweichen. Am nächsten Tag die abgetropften Linsen in einen Topf geben, reichlich kaltes Wasser dazugießen, mit einem Kräutersträußchen und einer mit der Gewürznelke besteckten Zwiebel zum Kochen bringen. Salzen und pfeffern. Den Deckel auflegen und, sobald das Wasser kocht, auf kleiner Flamme garen lassen.
Währenddessen die Gemüse schälen. Die Zwiebeln hacken, die Möhren in Scheiben schneiden. In einer Mischung aus etwas Butter und Öl goldbraun rösten. Nach ½ Stunde die Möhren und Zwiebeln zu den Linsen geben. Den Selleriestengel beifügen. Bei schwacher Hitze fertigkochen lassen. Zum Schluß sollte die Flüssigkeit verdunstet sein.

Gemüse

Artischocken auf andalusische Art (Spanien)

20 kleine Artischocken
(wenn sie groß sind, halbieren),
4 Orangen,
2 Zitronen,
2 Gewürznelken,
1 Sträußchen Petersilie,
2 Knoblauchzehen,
10 Korianderkörner,
2 oder 3 Tütchen Safran,
Salz, Pfeffer,
Lorbeerpulver,
3 EL Öl
(vorzugsweise Olivenöl)

Die Artischocken waschen. Stiel abschneiden und die grünen Blätter abbrechen. Nur die weißen Blättchen in der Mitte stehen lassen, so zurechtstutzen, daß sie mit dem Boden zusammen eine Art Becher bilden. Sofort mit Zitronensaft beträufeln, in einer Schüssel mit Wasser, dem Zitronensaft zugefügt wurde, beiseite stellen. Die Orangen und Zitronen vorbereiten. Mit einem Messer die Schalen entfernen, das Fruchtfleisch in Scheiben schneiden. Die Knoblauchzehen grob zerkleinern. Die Petersilie hacken.
Die Artischocken in einen Topf mit dickem Boden setzen, salzen, pfeffern, mit Knoblauch bestreuen, das Öl, die Orangen- und Zitronenscheiben, die Korianderkörner, den in wenig Wasser aufgelösten Safran und eine Messerspitze Lorbeerpulver zufügen. Kaltes Wasser dazugeben, den Deckel auflegen und bei ganz schwacher Hitze ungefähr ½ Stunde kochen lassen. Um sicherzugehen, daß die Artischocken gar sind, mit einer Gabel hineinstechen.
Die Sauce muß sämig sein. Ist sie zu dünnflüssig, ein wenig davon in eine Schüssel geben, darin ein Löffel Mehl auflösen. Den Inhalt der Schüssel wieder in den Topf gießen und noch ganz kurz kochen lassen.
Vor dem Servieren mit gehackter Petersilie bestreuen.
Sie können das Gericht gleich verzehren oder kalt am nächsten Tag (wie es die Kenner bevorzugen!).

Auberginencurry (Indien)

Kochzeit: 1 Stunde

750 g Auberginen,
750 g Tomaten,
2 schöne Zwiebeln,
1 Becher Joghurt,
1 Zitrone,
6 Knoblauchzehen,
10–15 g frischer Ingwer,
1 EL Mohnsamen,
1 EL Zucker,
2 TL Curcuma,
Salz, Chilipulver oder, wenn nicht vorhanden, Pfeffer,
5 EL Öl

Die Tomaten vierteln, die Auberginen der Länge nach in vier oder acht Scheiben teilen, diese dann in Stücke von je ca. 4 cm Länge schneiden.
Die Knoblauchzehen, die Zwiebeln und den Ingwer schälen, sehr fein hacken, dann in einen Mörser geben, die Mohnsamen zufügen und alles zusammen zerstoßen.
Diese Masse in einem Topf in Öl andünsten, Curcuma, Salz und Chilipulver zufügen. (Wenn Sie scharfe Speisen mögen, können Sie einen guten Löffel Chilipulver hineingeben.) Sobald diese Mischung gut angeröstet ist, die Auberginenstückchen dazugeben, umrühren, den Deckel auflegen und bei geringer Hitze kochen lassen. Nach 5 Minuten die Tomaten und den Zucker hineingeben, gut untermischen und wieder zudecken. Wenn die Auberginen weich sind, den Joghurt beifügen, 5 Minuten danach den Zitronensaft dazugießen. Noch ein paar Minuten köcheln lassen, dann servieren.

Auberginen mit Curcuma (Indien)

4–6 schöne Auberginen (eine pro Person),
Salz, Curcuma, Öl,
1 Msp Chilipulver

Die Auberginen der Länge nach in dünne Scheiben schneiden, mit Curcuma und Salz bestreuen. In einer Pfanne in mit Chilipulver gewürztem Öl braten, bis sie gar sind. Dazu Reis servieren.

Auberginen auf russische Art

3 Auberginen,
2 Tomaten,
3–4 Knoblauchzehen,
1 Zitrone,
1 dl Öl
(vorzugsweise Olivenöl),
Salz, Pfefferkörner,
einige Petersilienstengel

Die Auberginen waschen, im heißen Ofen ½ Stunde grillen. Dabei häufig umdrehen. Sobald ihre Haut leicht verbrannt ist, die Auberginen 2 bis 3 Minuten in kaltes Wasser legen, dann die Schale abziehen. Das Fruchtfleisch pürieren, mit Salz, frischem gemahlenem Pfeffer, gehackter Petersilie und zerdrücktem Knoblauch sowie mit Zitronensaft würzen. Unter ständigem Umrühren das Öl langsam zugießen. Abkühlen lassen. Mit Tomatenscheiben oder -vierteln hübsch verzieren.

Auberginen mit Parmesan (Italien)

6 Auberginen,
1 Päckchen getrocknete Champignons,
100 g geriebener Parmesan,
Tomatensauce,
Salz, Pfeffer, Öl

Die Auberginen der Länge nach in dünne Scheiben schneiden. In einer Pfanne in wenig Öl goldgelb dünsten. Salzen und pfeffern. Eine gute Tomatensauce bereiten, die leicht angedünsteten Champignons hineingeben.

Sobald die Auberginen gar sind, eine möglichst runde ofenfeste Form damit auslegen. Ein wenig Tomatensauce darübergießen. Dann wieder eine Lage Auberginen. So abwechselnd die Form füllen. (Sie können die Auberginen aber auch pürieren und das Püree mit der Tomatensauce vermischen.) Mit geriebenem Parmesan bestreuen und 15 Minuten in den heißen Ofen stellen.

Servieren Sie den ›Kuchen‹ ohne Beilage als Vorspeise oder reichen Sie ihn zu Nudeln oder Reis.

Blumenkohl mit Kartoffeln und Käse

1 schöner Blumenkohl,
500 g Kartoffeln,
200 g geriebener Gruyère,
Salz, Pfeffer,
Öl, Butter,
Paniermehl

Den Blumenkohl in Röschen zerlegen, in Essigwasser einweichen. Die Kartoffeln schälen, in Scheiben schneiden. Die Blumenkohlröschen blanchieren. Dann in eine geölte, ofenfeste Form eine Lage Blumenkohl geben, mit einer Schicht Kartoffeln bedecken, mit Käse bestreuen. Jede Schicht salzen und pfeffern. In dieser Reihenfolge fortfahren, bis alle Zutaten aufgebraucht sind.
Mit Butterflöckchen bestecken und Paniermehl darüberstreuen. Im heißen Ofen 35 Minuten backen.

Blumenkohl mit Samen und Körnern (Indien)

1 schöner Blumenkohl,
2 TL Curcuma,
1 EL Senfkörner,
Schwarzkümmel- und Bockshornkleesamen (gemischt)
2 TL Salz,
1 Msp Chilipulver,
1 EL Öl,
25 g Butter

Den Blumenkohl waschen, in Röschen teilen, diese mit Küchenpapier abtrocknen. Die größten Röschen der Länge nach in drei oder vier Stücke schneiden.
In einem großen Topf Öl und Butter erhitzen, darin die Mischung aus Körnern und Samen anrösten, dann 1 TL Curcuma und Chilipulver zufügen. Kurz umrühren und den Blumenkohl hineingeben. Mit Salz und dem restlichen Curcuma bestreuen. Nicht zu heftig umrühren, denn die Blumenkohlröschen brauchen Zeit, um braun und etwas weich zu werden. Sobald alle Röschen Butter und Gewürze aufgesogen haben, den Deckel auflegen und bei geringer Hitze ungefähr 20 Minuten kochen lassen. Gelegentlich umrühren, Wassertropfen, die am Deckel hängen, auf die Blumenkohlröschen abstreifen. Der dabei entstehende Dampf genügt zum Kochen. Falls der Blumenkohl doch am Boden anhängt, noch etwas Butter zufügen. Die Röschen sollten ziemlich fest sein, sie dürfen nicht auseinanderfallen.

Blumenkohl und Kartoffeln mit Koriander (Indien)

1 mittelgroßer Blumenkohl,
750 g Kartoffeln,
50 g Butter oder Öl,
1 TL Curcuma,
2–3 TL Salz,
Pfeffer oder Chilipulver,
1 EL Koriander (gemahlen),
1 EL Kümmel oder Kreuzkümmel (ganz), oder eine Mischung aus beiden

Den Blumenkohl waschen, in etwa gleich große Röschen teilen. Die Kartoffeln schälen, würfeln.
Die Butter in einem Schmortopf erhitzen, darin die Kümmelkörner, Curcuma und Chilipulver anrösten. Die Blumenkohlröschen zufügen, umrühren, damit sie die gefärbte Butter aufsaugen können. Die Kartoffeln hineingeben, ebenfalls Farbe nehmen lassen. Wenn nötig, noch etwas Curcuma zufügen, damit sie eine schöne gelbe Farbe erhalten. Mit Koriander bestäuben, salzen. Den Deckel auflegen und 20 bis 30 Minuten im Dampf garen: Die Gemüse sollen gar sein, aber nicht zerfallen.

Bratkartoffeln

1 kg Kartoffeln,
1–2 TL Koriander (gemahlen),
1–2 TL Kümmel (ganz),
1 grüne Peperoni (nach Belieben),
Salz, Pfeffer oder Chilipulver, Öl

Die ungeschälten Kartoffeln in Salzwasser kochen. Abtropfen lassen, schälen, in mittelgroße Stücke schneiden.
In einer großen Pfanne das Öl erhitzen. Sobald es rauchheiß ist, Kümmel, Koriander und die in Ringe geschnittene Peperoni hineingeben. Die Kartoffeln dazuschütten, salzen, pfeffern, einige Minuten goldbraun rösten lassen, umwenden, damit sie sich rundum mit den Gewürzen vollsaugen.

Champignons mit Muskat

300 g Champignons,
1 EL Butter oder Pflanzenfett,
1 Knoblauchzehe,
Salz, Pfeffer,
Muskat

Die Champignons in Essigwasser putzen, in Scheiben schneiden. In einem Topf die Butter schmelzen lassen. Die kleingewürfelte Knoblauchzehe und die Champignons hineingeben, den Deckel auflegen und zum Kochen bringen. Die Champignons sollten dabei alle Flüssigkeit verlieren. Dann den Deckel wegnehmen und bei schwacher Hitze weiterkochen, gelegentlich umrühren. Wenn alles Wasser verdunstet ist, haben die Champignons eine goldbraune Farbe und sind gar. Dann mit Salz, Pfeffer und geriebener Muskatnuß würzen.

Chop Suey mit Gemüse (China)

1 Gurke,
1 kleiner Salat (Kopfsalat oder römischer Salat),
2 Tomaten,
1 Päckchen schwarze Pilze (Chinaladen),
1 kleine Dose Bambussprossen,
150 g Sojabohnenkeime,
½ TL Glutamat,
½ Glas Essig,
½ Glas Puderzucker,
1 Glas Wasser,
2 EL Sojasauce,
2 EL Maizena,
4 EL Tomatenketchup,
Salz, Öl

Die Gemüse putzen. Die Gurken in Scheibchen, die Tomaten in Achtel, die Salatblätter in 2 bis 3 Stücke schneiden.
Alles Gemüse in etwas Öl mit Glutamat anbraten, dabei häufig umrühren. 5 bis 10 Minuten kochen (sie sollten noch Biß haben). Wenn nötig, salzen.
Währenddessen in einem anderen Topf eine Sauce aus Essig, Zucker, Wasser, Sojasauce, Tomatenketchup und dem zuvor in etwas Wasser aufgelösten Maizena bereiten. Zum Kochen bringen und andicken lassen, dann über die Gemüse gießen. Vor dem Servieren noch ein paar Minuten köcheln lassen. Dieses Chop Suey schmeckt hervorragend zu Nudeln oder Reis.

Curry ›mit neun Juwelen‹ (Indien)

Für 6 Personen:
100 g Kartoffeln,
100 g Möhren,
100 g grüne Bohnen,
100 g Paprikaschoten,
100 g Blumenkohl,
100 g Perlerbsen (enthülst),
100 g Rosinen,
100 g Cashewnüsse,
100 g Panir
(Rezept Seite 217),
2 Tomaten,
1 Becher Joghurt,
Öl oder Butter,
2 Scheiben Ananas
(nach Belieben),
Salz, Zucker
Für die Gewürzpaste:
6 Knoblauchzehen,
20–25 g frischer Ingwer,
2 kleine grüne Peperoni,
4 rote getrocknete
Chilischoten,
2 TL Koriander (ganz),
1 TL Kreuzkümmel (ganz),
1 TL Kümmel (ganz),
3 Kardamomkapseln

Zubereitung der Gewürzpaste:
Die Knoblauchzehen und den Ingwer schälen, fein hacken, die Peperoni in dünne Ringe schneiden. Mit den übrigen Gewürzen im Mörser zerstoßen (Kardamomkapseln öffnen, nur die Samen verwenden). Die Mischung so lange bearbeiten, bis eine homogene Paste entsteht.

Zubereitung des Curry:
Alle Gemüse putzen. Die Möhren und die Kartoffeln in Würfel schneiden, die grünen Bohnen in kleine Stücke brechen. Die Paprikaschoten von Kernen befreien, das Fruchtfleisch in Streifen schneiden.
Den Blumenkohl in mittelgroße Röschen zerlegen.
Die Rosinen in lauwarmem Wasser einweichen.
Bohnen, Perlerbsen, Möhren und Blumenkohl zusammen kochen.
Die Kartoffeln in einer Pfanne in Öl oder Butter anbraten. ›Panir‹ in rechteckige Stücke schneiden, diese ebenfalls in der Pfanne anbraten. Die Stücke sofort nach dem Anbraten in der Molke, die Sie dafür aufbewahrt haben, einweichen.
Die Paprikastreifen leicht andünsten, sie sollen gerade weich werden.
Die Tomaten mit kochendem Wasser überbrühen und häuten, das Fruchtfleisch samt Kernen und Saft zu Püree zerdrücken, eventuell ein ganz klein wenig Wasser zugießen.

Den Joghurt in einer Schüssel mit einer Gabel verrühren. In einem Schmortopf Butter oder Öl erhitzen, darin die Gewürzpaste einige Minuten anrösten. Das Tomatenpüree und den Joghurt zufügen, mitbraten lassen, dabei ununterbrochen umrühren. Dann alle Gemüse, die abgetropften Rosinen, die Cashewnüsse, die ›Panir‹-Stückchen und Salz und Zucker nach Belieben zufügen, das Ganze ungefähr 5 Minuten köcheln lassen. Sie können dieses sehr gehaltvolle Curry zu weißem Reis servieren und es kurz vor dem Auftragen mit Ananasstückchen dekorieren.

Curry ›quer durch den Gemüsegarten‹

1 Tasse Linsen,
3 Tomaten,
1 Zwiebel,
2 Paprikaschoten,
4 Möhren,
1 Aubergine,
4 Kartoffeln,
1 kleine getrocknete Chilischote,
1 TL Currypulver,
½ TL Curcuma,
1 TL Koriander,
½ TL Muskat,
½–1 TL Kreuzkümmel (gemahlen),
½ TL Kreuzkümmel (ganz),
½ TL Senfkörner,
Salz, Öl,
1 Zitrone

Die Linsen waschen, mit sehr wenig Wasser zum Kochen bringen. Häufig umrühren, dabei, wenn nötig, kleine Mengen Wasser zugießen.
In der Zwischenzeit die Gemüse putzen. Die Auberginen, die Kartoffeln, die Möhren, die Paprikaschoten und die Tomaten in Würfel schneiden.
Wenn die Linsen ½ Stunde gekocht haben, alle Gemüse zufügen. Die geschälte, aber nicht zerkleinerte Zwiebel, die Chilischote, Salz und die Gewürze ebenfalls in den Topf geben. Alles von Zeit zu Zeit umrühren.
Wenn alles gekocht ist, den Topf vom Feuer nehmen. In 2 EL Öl den Kreuzkümmel und die Senfkörner rösten, dann zum Gemüse geben. Zum Schluß den Zitronensaft zugießen.
Zu diesem Curry passen Speisen aus Getreideprodukten, die Sie auf gewohnte Weise zubereitet haben: Reis, Couscous, Polenta. Reichen Sie noch ein wenig Joghurt dazu.

Curry mit Cashewnüssen (Indien)

Dieses Curry reicht man als Beilage, nicht als Hauptgericht. Wir haben dies bei den Mengenangaben berücksichtigt.

250 g Cashewnüsse,
2 schöne Zwiebeln,
1 Knoblauchzehe,
2 Tomaten,
1 kleines Stück frischer Ingwer,
1 Kokosnuß
1/8 l Öl,
Salz,
Pfeffer oder Chilipulver,
1 oder 2 Stengel frisches Korianderkraut (nach Belieben)

Die Kokosnuß öffnen, eine Kokosmilch bereiten.
Die Zwiebeln, Knoblauch und Ingwer im Mörser zerstoßen. Die Tomaten in kleine Würfel schneiden.
Die Cashewnüsse im heißen Öl rösten. Sobald sie braun werden, mit einem Schaumlöffel aus dem Topf nehmen, abtropfen lassen, in eine Schüssel geben.
In demselben Öl die Zwiebel-Knoblauch-Ingwer-Mischung anbraten, nach Belieben mit Salz und Chilipulver würzen. Wenn alles eine goldbraune Farbe angenommen hat, die Tomaten zufügen. Den Deckel auflegen und einige Minuten köcheln lassen, dann die Cashewnüsse und 2 Tassen Kokosmilch dazugießen.
Kochen lassen, bis die Mischung andickt. Vor dem Servieren mit gehackten Korianderblättchen bestreuen.

Curry mit Perlerbsen und Möhren (Indien)

500 g junge Möhren,
500 g frische Perlerbsen (enthülst),
1 schöne Tomate,
1 kleines Stück frischer Ingwer,
1 TL Curcuma,
1 TL Kreuzkümmel (gemahlen),
1 TL Koriander (gemahlen),
Salz, Pfeffer oder Chilipulver nach Belieben,
Öl

Die Möhren schaben und in Würfel schneiden. Den Ingwer hacken. Die Tomate mit kochendem Wasser überbrühen, enthäuten, das Fruchtfleisch grob hacken.
In etwas Öl den Ingwer, Curcuma, Kreuzkümmel und Koriander anrösten. Wenn die Mischung eine dunkle Farbe annimmt, die gehackte Tomate und sehr wenig Wasser dazugeben. 5 Minuten kochen lassen, dann die Perlerbsen und die Möhren in den Topf geben. Gut umrühren. 2 Tassen Wasser zugießen und kochen lassen, bis die Gemüse weich und gar sind: Das Wasser muß völlig verdunsten, es darf keine Flüssigkeit mehr im Topf sein.
Mit gehackter Petersilie oder einigen frischen Korianderblättchen bestreut servieren.

Gemüsetopf

500 g Möhren,
250 g Champignons,
300 g Kartoffeln,
3 Zwiebeln,
3 Tomaten
einige Kohlblätter,
Thymian- und Lorbeerpulver,
Muskatnuß,
Pfeffer, Salz,
Öl

Alle Gemüse putzen, die Möhren, die Kartoffeln und die Champignons in Scheibchen schneiden, die Zwiebeln hacken. Die Kohlblätter mit heißem Wasser überbrühen, die Rippen entfernen.
In eine geölte ofenfeste Form schichtweise Zwiebeln, Champignons, Möhren, Kohlblätter, Kartoffeln und wieder Möhren einfüllen. Mit Tomatenscheiben bedecken, mit einer Lage Champignons abschließen. Jede Schicht mit Salz, Pfeffer, Muskat, Thymian und Lorbeer würzen, mit ein wenig Öl beträufeln.
40 Minuten im heißen Ofen garen.

Gefüllter Kohlkopf mit Gemüse

1 schöner grüner Kopfkohl (Spitzkohl, Wirsing), 250 g Möhren, 200 g weiße Rübchen, 500 g Lauch, 4 schöne Zwiebeln, 1 Kräutersträußchen, 2 Gewürznelken, Salz, Pfeffer, 200 g beliebige Zerealien (Reis, Hirse etc.), Butter und geriebener Käse (nach Belieben)

Die Zerealien mit zwei Zwiebeln in Salzwasser kochen.
In der Zwischenzeit die Gemüse schälen und waschen.
Den Kohlkopf knapp zehn Minuten in Salzwasser blanchieren. Abtropfen lassen.
Aus den gekochten Zerealien, den gekochten und zerdrückten Zwiebeln, Salz, Pfeffer, Butterflöckchen und geriebenem Käse eine Farce bereiten. Die Kohlblätter vorsichtig lockern, die Farce in die Zwischenräume füllen. Wenn der ganze Kohl auf diese Weise gefüllt ist, mit Faden umwickeln, damit er seine Form behält. In einen Topf setzen, mit dem übrigen Gemüse (weiße Rübchen, Möhren, Lauch) ganze, mit Gewürznelken besteckte Zwiebeln umlegen. Salzen, pfeffern, das Kräutersträußchen dazugeben und mit Wasser auffüllen. 1½ Stunden köcheln lassen.
Mit einigen Butterflöckchen besteckt oder mit Öl beträufelt servieren.

Geschmorte Gurken (Martinique)

3 schöne Gurken, 6 Tomaten, 1 große Zwiebel, 1 Knoblauchzehe, Salz, Pfeffer, Öl

Möglichst reife, schon etwas gelbe Gurken wählen. Die Haut entfernen, die Gurken der Länge nach durchschneiden, um die Kerne herausnehmen zu können, dann das Fruchtfleisch in Stücke schneiden. Die Zwiebel schälen, die Tomaten enthäuten. In einem Topf in Öl die feingehackte Zwiebel andünsten. Die in Viertel geschnittenen Tomaten, die zerdrückte Knoblauchzehe, Salz, Pfeffer und die Gurkenstücke zufügen.
Den Deckel auflegen und 45 Minuten schmoren lassen.

Gemüse nach Jägerart

1 kg Möhren,
4–5 Tomaten,
2 Zwiebeln,
250 g Champignons oder andere Pilze,
150 g entsteinte grüne Oliven,
Öl,
trockener Weißwein,
Salz, Pfeffer,
1 Kräutersträußchen,
Muskat,
1 Gewürznelke,
Butter,
1–2 EL Mehl

Die Gemüse waschen und vorbereiten.
Die Champignons in einem Topf in wenig Öl anbräunen lassen, dann herausnehmen.
Anschließend die gehackten Zwiebeln goldgelb dünsten, die enthäuteten, in Würfel geschnittenen Tomaten, die der Länge nach in Viertel geteilten Möhren, die Oliven, das Kräutersträußchen, Salz, Pfeffer und die Gewürze zufügen, trockenen Weißwein zugießen. Eine knappe 3/4 Stunde kochen lassen, dann die Champignons zufügen.
In einer Tasse 1 TL Butter mit Mehl verkneten, in wenig Kochflüssigkeit auflösen, gleichzeitig mit den Champignons zum Gemüse geben.
Mit einem Holzlöffel einige Male umrühren, um alles gut zu vermengen, noch weitere 10 Minuten köcheln lassen.
Dieses Gericht paßt sehr gut zu Reis.

Glasierte weiße Rübchen

1 kg weiße Rübchen,
100–150 g Butter,
1 EL Puderzucker,
Salz, Pfeffer,
1 gestrichener TL gehackte Petersilie oder Kerbel

Die Rübchen schälen, in kleine Würfel schneiden, 10 Minuten in kochendem Wasser blanchieren. Abtropfen lassen.
In einer Pfanne die Butter vorsichtig schmelzen lassen, die Rübchen hineingeben, mit Puderzucker bestreuen und 10 Minuten Farbe nehmen lassen. Die Rübchen mit Petersilie oder Kerbel bestreut servieren.

Gemüse mit Couscous

300 g Couscousgrieß,
4 Zwiebeln,
3 Knoblauchzehen,
5 Möhren,
1 kleiner Blumenkohl,
einige Mangoldblätter oder Spinat,
Salz, Pfeffer,
Kreuzkümmel oder beliebige Gewürze, Öl

Die Zwiebeln in Ringe schneiden, die Knoblauchzehen hacken, den Blumenkohl in Röschen zerlegen, die Mangoldblätter oder den Spinat grob hacken, die Möhren in Scheibchen teilen.
Etwas Öl in einen Topf mit fest schließendem Deckel geben, Zwiebeln und Knoblauch hineinlegen, darauf die Gemüse geben, 1 bis 2 EL Wasser zugießen, den Deckel auflegen und bei schwacher Hitze garen lassen.
Ein- bis zweimal umrühren, falls nötig, etwas Wasser zugießen. Sobald die Gemüse gar sind, zweimal soviel Wasser wie Couscous in den Topf gießen. Salzen und zum Kochen bringen, dann den Couscous einrieseln lassen. Umrühren. Wenn das Wasser wieder kocht, Gewürze nach Belieben zufügen, den Topf vom Feuer nehmen, den Deckel wieder auflegen. Warten, bis sich der Couscousgrieß vollgesogen hat, dann servieren.

Gratin von weißen Rübchen

1 kg weiße Rübchen,
750 g Kartoffeln,
750 g Möhren,
4 Zwiebeln,
½ l Milch,
150 g geriebener Gruyère,
Salz, Pfeffer,
Thymian, Basilikum,
Knoblauch,
Öl

Die Gemüse putzen, in Scheiben schneiden, die Zwiebeln hacken. In eine geölte feuerfeste Form abwechselnd je eine Lage Möhren, Kartoffeln und weiße Rübchen geben. Jede Schicht salzen und pfeffern, nach Belieben mit gehackten Zwiebeln, Thymian, Knoblauch und Basilikum bestreuen. Wenn alle Gemüse aufgebraucht sind, mit einer Sauce aus Milch und geriebenem Käse überziehen. Im heißen Ofen ungefähr 1½ Stunden garen lassen.

Geschmorter Escariol mit Tomaten

2 große oder 3 mittelgroße Escariol,
2 Zwiebeln,
3 Tomaten,
1 kleine Dose Tomatenmark,
1 Kräutersträußchen
(2 Zweiglein Thymian,
1 Lorbeerblatt,
2 Petersilienstengel),
2 EL Öl,
1 TL Mehl,
Salz, Pfeffer

Den Escariol sorgfältig waschen, die Blätter je nach Länge in 2 oder 3 Stücke brechen. Die Zwiebeln hacken.
In einem Topf die Zwiebeln in Öl andünsten. Die Tomaten überbrühen, häuten, zu den hellgelben Zwiebeln geben. Das Tomatenmark und das Mehl zufügen, salzen und pfeffern. Alles 10 Minuten köcheln lassen, dann die Escariolblätter in den Topf geben. 1 kleines Glas Wasser zugießen, den Deckel auflegen und 25 bis 30 Minuten kochen lassen.
Das Gericht wird nahrhafter, wenn Sie 4 rote in Scheibchen geschnittene Kartoffeln zufügen.

Gombos (Okra) mit Zwiebeln (Indien)

1 kg frische Gombos,
500 g Zwiebeln,
1 TL Curcuma,
1 TL Koriander (gemahlen),
1 TL Kreuzkümmel (gemahlen),
4 EL Öl,
Salz, Pfeffer
oder Chilipulver

Die Gombos waschen, den Stiel und die Spitze entfernen, das Fruchtfleisch in Scheiben schneiden. Die Zwiebeln schälen und hacken.
Die Gombos im Öl andünsten, bis sie weich sind. Mit einem Schaumlöffel aus dem Topf nehmen. Dann die Zwiebeln hineingeben und bräunen lassen, ebenfalls mit dem Schaumlöffel herausnehmen. In demselben Öl die Gewürze (Curcuma, Koriander und Kreuzkümmel) anrösten, umrühren, um sie gut zu vermischen. Die Zwiebel und die Gombos zufügen, mit Salz, Pfeffer oder Chilipulver würzen.
Den Deckel auflegen und auf kleiner Flamme köcheln lassen.

Gombos (Okra) mit Tomaten (Indien)

500 g frische Gombos,
500 g Tomaten,
250 g Zwiebeln,
25 g frischer Ingwer,
1 TL Curcuma,
1 TL Kümmel (ganz),
Salz, Chilipulver,
Öl

Die Gombos waschen, mit einem Küchentuch abtrocknen. Spitzen und Stiele abschneiden. Die Tomaten mit heißem Wasser überbrühen, häuten, das Fruchtfleisch samt Saft zu Püree zerdrücken. Die Zwiebeln schälen und fein hacken.
Zunächst die Zwiebeln in Öl anbraten. Wenn sie ganz leicht gebräunt sind, mit einem Schaumlöffel aus dem Topf nehmen und zerdrücken.
Dann die Gombos im Öl anbraten, bis sie eine goldbraune Farbe annehmen. Herausnehmen und beiseite stellen.
Im restlichen Öl den gehackten Ingwer, Curcuma, Kümmel, Salz und Chilipulver anrösten. Das Zwiebel- und das Tomatenpüree zufügen, 10 Minuten auf kleiner Flamme köcheln lassen. Dann die Gombos in den Topf geben, weitere 10 Minuten auf dem Feuer lassen, dann servieren.
Vorsicht: Bei diesem Gericht dürfen die Gombos sich nicht öffnen.

Kümmelkartoffeln

Für 4 Personen:
8 mittelgroße Kartoffeln
(bei großem Hunger mehr!),
1 TL Kreuzkümmel (gemahlen),
1 TL Salz, Öl

Die Kartoffeln waschen, abbürsten, die Schale nicht entfernen. Der Länge nach halbieren.
In einer Tasse Salz und Kreuzkümmel vermengen, den Anschnitt der Kartoffel damit bestreuen und auf ein gefettetes Blech legen. Die Kartoffeln mit einem Pinsel einölen und ¾ Stunden bei mittlerer Hitze im Backofen garen lassen. Dies ist ein einfaches, aber ganz ausgezeichnetes Rezept. Kümmelkartoffeln passen vorzüglich zu gedünstetem Weißkohl mit Wacholderbeeren.

Kartoffelragout

2 kg Kartoffeln,
10–12 Tomaten,
2 schöne Zwiebeln,
100–150 g entsteinte schwarze Oliven,
1 Päckchen getrocknete Steinpilze (30 g),
Öl, Salz,
Pfeffer, Thymian,
Lorbeer

Die Gemüse schälen. Die Kartoffeln in Stücke gleicher Größe schneiden.
In einem Topf die gehackten Zwiebeln in wenig Öl andünsten, die in Würfel geschnittenen Tomaten zufügen, alles ein wenig einkochen lassen. Salzen, pfeffern, ein schönes Thymianzweiglein, zwei oder drei Lorbeerblätter und die Kartoffeln hineingeben, sie nehmen in der Sauce eine rötliche Farbe an. Mit kochendem Wasser auffüllen, schwarze Oliven und die zuvor eingeweichten Steinpilze zufügen.
Vorsicht: Wenig oder gar nicht salzen, je nach Qualität der schwarzen Oliven.
Bei milder Hitze 20 bis 30 Minuten kochen lassen.

Kohl auf indische Art

1 grüner Kopfkohl,
150 g Butter,
4 große Zwiebeln,
1 EL Salz,
1 EL Curcuma,
1 TL Chilipulver,
Pfeffer

Die Zwiebeln hacken, in etwas Butter mit Salz und Pfeffer goldbraun werden lassen.
Den Kohl putzen, fein hobeln.
In einem Topf die Butter zergehen lassen, Chilipulver und Curcuma hineingeben (die Mischung nicht einatmen, sie reizt zum Niesen!). Sobald die Butter zu zischen anfängt, den feingehobelten Kohl zufügen; salzen, bei mittlerer Hitze kochen lassen. Am Ende der Kochzeit die Zwiebeln dazugeben. Der Kohl soll noch knackig sein, aber weder zu wäßrig noch zu braun.

Kartoffeln mit grünen Bohnen und Paprikastreifchen (Indien)

500 g Kartoffeln,
6 mittelgroße grüne Paprikaschoten,
250 g frische grüne Bohnen,
3 Zwiebeln,
2–3 Knoblauchzehen,
½ TL Currypulver,
1 TL Senfkörner,
½ TL Curcuma,
1–2 TL Salz,
1 EL Öl,
15 g Butter

Die Gemüse putzen. Die Kartoffeln in Würfel mit etwa 1 cm Seitenlänge, die grünen Bohnen in kleine Stücke schneiden. Die Paprikaschoten von Kernen befreien, das Fruchtfleisch in Streifen schneiden. Die Knoblauchzehen und die Zwiebeln hacken.
Butter und Öl in einem Topf erhitzen, die Senfkörner hineingeben, warten, bis sie nicht mehr hochspringen, dann Zwiebeln und Knoblauch zufügen. Wenn die Zwiebeln goldgelb und weich sind, die grünen Bohnen mit sehr wenig Wasser dazugeben. Den Deckel auflegen.
Nach 5 Minuten das Currypulver, Curcuma, Salz und die Kartoffeln sowie ½ l Wasser zufügen. Umrühren. Wenn die Kartoffeln halb gar sind, die Paprikastreifchen in den Topf geben. Köcheln lassen, bis kein Wasser mehr übrig ist. Prüfen, ob alles gar ist, notfalls noch ein wenig Wasser zugießen.
Dieses Gemüsegericht schmeckt ohne Beilagen, Sie können es aber auch mit Zerealien servieren.

Kohl mit Kokosnuß (Indien)

1 Kohlkopf von ungefähr 1 kg,
6 EL Öl,
50 g Cashewnüsse,
4 kleine getrocknete rote Chilischoten,
8 Curryblätter,
2 mittelgroße Zwiebeln,
4 EL frische Kokosnußraspeln,
1 TL Senfkörner,
1 TL Salz

Die Zwiebeln schälen, sehr fein hacken. Den Kohl hobeln, waschen und abtropfen lassen.
Das Öl in einem Schmortopf erhitzen, darin die grob zerkleinerten Cashewnüsse anrösten. Sobald sie eine hellbraune Farbe angenommen haben, aus dem Öl nehmen und auf Küchenpapier abtropfen lassen.
Dasselbe Öl noch einmal stark erhitzen, die Senfkörner, die Chilischoten, die Curryblätter und die Zwiebeln hineingeben. Wenn die Zwiebeln an den Rändern bräunlich werden, den Kohl zufügen und salzen.
Das vom Kohl abtropfende Wasser sollte als Kochflüssigkeit ausreichen, notfalls ein wenig zugießen. Den Deckel auflegen und das Ganze bei schwacher Hitze 20 bis 30 Minuten kochen lassen, aufpassen, daß der Kohl nicht am Topfboden anhängt.
Sobald der Kohl gar ist, die Kokosnußraspeln und die zerkleinerten Cashewnüsse dazugeben.

Lauch mit Béchamelsauce überbacken

2 kg Lauch,
Béchamelsauce,
Salz, Pfeffer,
Muskatnuß,
50–100 g geriebener Gruyère,
1 EL Öl

Den Lauch putzen, in gleich lange Stücke schneiden und in Salzwasser kochen lassen. Abtropfen und anschließend in eine geölte, ofenfeste Form legen.
Eine Béchamelsauce zubereiten, mit Salz, Pfeffer und Muskatnuß abschmecken. Den Lauch mit der Sauce überziehen, die Sauce mit geriebenem Käse bestreuen.
Im heißen Ofen überbacken lassen, bis der Käse eine goldbraune Kruste gebildet hat.

Variation:
Nach demselben Rezept können Sie Schwarzwurzeln, Spargel, Fenchel, Chicorée, Kopfsalat etc. bereiten.

Morcheln in Crème fraîche

600 g Morcheln,
60 g Butter,
½ Glas trockener Weißwein,
25 cl Crème fraîche,
Salz, Pfeffer,
Essig

Die Morcheln in Essigwasser waschen, vorsichtig mit einem Küchentuch trocknen, nur die größten zerkleinern.
Die Butter in einem Schmortopf erhitzen, die Morcheln darin kurz andünsten. Weißwein zugießen, den Deckel auflegen und einige Minuten kochen lassen. Salzen, pfeffern und die Crème fraîche einrühren, vor dem Servieren noch 3 Minuten auf ganz geringer Hitze köcheln lassen.

Variation:
Sie können statt Weißwein Zitronensaft und statt Crème fraîche eine Béchamelsauce nehmen.

Madrascurry mit Gemüse (Indien)

15 kleine Kartoffeln,
15 kleine Zwiebeln,
150 g Perlerbsen (enthülst),
150 g Möhren,
150 g grüne Bohnen,
2 große Zwiebeln,
6 Knoblauchzehen,
10–15 g frischer Ingwer,
1–2 frische kleine grüne Peperoni,
1 Handvoll Cashewnüsse,
1 Tasse Kokosmilch,
1 Stück Tamarinde, von der Größe einer Murmel, oder, wenn nicht vorhanden, 1 Zitrone,
1 TL Senfkörner,
1 TL Curcuma,
1 TL Koriander (gemahlen),
1 TL Kümmel (gemahlen),
1 TL Chilipulver,
1–2 getrocknete Chilischoten,
Salz, Öl

Am Vorabend die Tamarinde in ½ Tasse Wasser einweichen. Am nächsten Tag durch ein Sieb abgießen, die Tamarinde gut ausdrükken, das Wasser auffangen. Falls Sie keine Tamarinde kaufen konnten, pressen Sie eine Zitrone aus und benützen den Saft.
Die Knoblauchzehen, Zwiebeln und den Ingwer schälen, fein hacken und zusammen mit den Peperoni, dem Koriander und dem Kümmel im Mörser zerstoßen, bis eine Art Paste entsteht.
Die Gemüse putzen. Die Kartoffeln und die Möhren schälen, in Würfel schneiden, die grünen Bohnen in Stücke brechen. Das Öl in einem Schmortopf erhitzen. Die Senfkörner darin anrösten. Wenn sie nicht mehr hochspringen, die Cashewnüsse zufügen und bräunen lassen. Ständig umrühren, damit sie nicht anbrennen, dann die Gewürzpaste zufügen. Anrösten, dabei noch die getrockneten Chilischoten, Curcuma, Chilipulver und Salz zugeben. Ein klein wenig Wasser zugießen, damit die Gewürze nicht anbrennen. Dann die Gemüse in den Topf geben und gerade so viel Wasser zugießen, daß sie garen. Die Kokosmilch dazuschütten und bei milder Hitze etwa 30 Minuten köcheln lassen.
Wenn die Gemüse gar sind, den Topf vom Feuer nehmen und das Curry mit Tamarinden- oder Zitronensaft abschmecken.

Nituké mit Zwiebeln (Japan)

2 kg Zwiebeln,
3 Knochblauchzehen,
1 Schöpfkelle Öl,
1 Schöpfkelle Sojasauce,
Thymian,
Herbes de Provence
(nach Belieben)

Die Zwiebeln schälen und hacken.
In einem Schmortopf das Öl erhitzen, darin die gehackten Zwiebeln, die ganzen Knoblauchzehen und die Kräuter andünsten. Sobald die Zwiebeln eine hellgelbe Farbe angenommen haben, die Sojasauce zugießen und auf kleinster Flamme ungefähr 30 Minuten köcheln lassen.
Vorsicht: Kein Salz zufügen, die Sojasauce ist salzig genug.

›Omelette‹ aus Kartoffeln

1 kg Kartoffeln
(vorzugsweise rote),
80–100 g Butter,
Salz, Pfeffer,
100 g geriebener Käse

Die Kartoffeln schälen, reiben. In einem sauberen Tuch ausdrükken. In einer sehr großen Pfanne die Hälfte der Butter bei milder Hitze zergehen lassen, die Kartoffeln hineingeben. Ständig umwenden, damit sie gleichmäßig garen. Mit Salz und Pfeffer würzen. Die Butter in Flöckchen zufügen. Wenn die Kartoffeln völlig gar sind, den geriebenen Käse obenauf streuen. Dann die eine Hälfte der Kartoffeln wie eine Omelette auf die andere klappen, der Käse sollte nun dazwischenliegen. Noch einige Minuten bräunen lassen, dann mit einem Schaumlöffel aus der Pfanne nehmen, damit überschüssiges Fett abtropfen kann.

Variation:
Auf dieselbe Weise können Sie köstliche ›Omeletten‹, gefüllt mit Zwiebeln, Kräutern oder sogar mit Champignons, bereiten.

Papaya mit Tomatensauce (Martinique)

1 große grüne Papaya (oder 2 kleinere),
1 Suppentasse ›Scharfe Tomatensauce‹,
30 g Butter,
3 EL Paniermehl,
Salz, Pfeffer oder Chilipulver

Die Papaya schälen, 5 Minuten in kochendem Wasser blanchieren, dann in feine Scheibchen schneiden.
Gleichzeitig die Tomatensauce zubereiten, sie sollte dick und kräftiggesalzen sein.
In einer gebutterten ofenfesten Form abwechselnd Papayascheiben, mit Butterflöckchen besteckt, und Tomatensauce einfüllen. Mit der Sauce abschließen. Paniermehl darüberstreuen und bei mäßiger Hitze ungefähr 1 Stunde im Ofen garen. Sehr heiß servieren.

Perlerbsen mit Minze

2 kg frische Perlerbsen (nicht enthülst),
1 Bund Frühlingszwiebeln,
1–2 Stück Würfelzucker,
50 g Butter,
3 oder 4 frische Minzeblättchen,
Salz, Pfeffer

Die Perlerbsen palen, mit 1 Blatt Minze 10 Minuten in Salzwasser kochen.
Die Butter in einem Topf erhitzen. Die nicht zerkleinerten Frühlingszwiebeln darin andünsten. Die abgetropften Perlerbsen, Salz und Pfeffer zufügen, im fest verschlossenen Topf bei sehr schwacher Hitze garen lassen. Kurz darauf die Zuckerstückchen und ein Minzeblättchen zufügen. Den Deckel wieder auflegen und die Erbsen weich dünsten.
Mit Butterflöckchen und feingehackter Minze bestreut servieren.

Provenzalisches Gratin

4 schöne Paprikaschoten,
4 Tomaten,
6 Artischocken,
2 große Zwiebeln,
300–400 g Champignons,
350 g Reis,
100 g geriebener Gruyère,
Salz, Pfeffer,
Knoblauch, Petersilie,
Öl (vorzugsweise Olivenöl)

Die Gemüse waschen. Die Paprikaschoten von Kernen befreien, das Fruchtfleisch in dünne Streifchen schneiden, diese in einer Pfanne mit ein wenig Salz, gehacktem Knoblauch und Petersilie in Öl andünsten. Mit einem Schaumlöffel herausnehmen, abtropfen lassen, damit sie nicht zu ölig sind. Dann auf dieselbe Weise die in Scheibchen geschnittenen Champignons zubereiten.
In der Zwischenzeit den Reis kochen.
Dann die Artischocken vorbereiten. Die harten Teile (Stiele und äußere Blätter) entfernen, die Früchte in vier – wenn sie sehr groß sind, in acht – Teile schneiden. Das Heu entfernen. Die Artischokkenviertel in einer zugedeckten Pfanne ungefähr 15 Minuten andünsten lassen.
Eine feuerfeste Form einölen, auf dem Boden die Artischocken, mit den Champignons vermischt, verteilen, darüber eine Lage gekochten Reis geben, mit gehacktem Knoblauch und Petersilie bestreuen.
In einer Pfanne die gehackten Zwiebeln mit einer Spur Knoblauch in Öl andünsten, dann die enthäuteten, in Würfel geschnittenen Tomaten zufügen. Mit Salz und Pfeffer würzen, dann mit den Paprikastreifchen vermischen und diese Zubereitung auf den Reis geben.
20 Minuten in einen heißen Ofen stellen, dann das Gericht mit geriebenem Gruyère bestreuen und vor dem Servieren noch kurz überbacken lassen.

Variation:
Statt mit Gruyère kann man das Gratin auch – ebenfalls kurz vor Ende der Backzeit – mit einer Sauce aus Crème fraîche, Knoblauch und feinen Kräutern überziehen.

Paprikaschoten mit Kartoffeln

3 schöne Zwiebeln,
6 Paprikaschoten,
500 g Kartoffeln,
2 Knoblauchzehen,
1 Lorbeerblatt,
1–2 EL Sojasauce,
Salz, Pfeffer,
Öl

In einem Schmortopf die gehackten Zwiebeln, die von Kernen befreiten, in Streifen geschnittenen Paprikaschoten und die Knoblauchzehen anbraten. Wenn alles eine schöne, goldbraune Farbe hat, die in große Stücke geschnittenen Kartoffeln zufügen. Salzen, pfeffern, das Lorbeerblatt dazugeben und ein Glas Wasser dazugießen. Einen gut schließenden Deckel auflegen.
Auf kleiner Flamme 30 Minuten kochen lassen. Am Schluß mit der Sojasauce abschmecken.

Perlerbsen mit ›Panir‹ (Indien)

1 Dose Perlerbsen (500 g),
2 große Zwiebeln,
2 Knoblauchzehen,
3–4 frische Tomaten (oder 1 kleine Dose geschälte Tomaten),
1 kleine Peperoni oder ½ TL Chilipulver,
2 Becher Joghurt,
½ TL Curcuma,
¼ TL Ingwer,
½ TL Kreuzkümmel (gemahlen),
½ TL Koriander (gemahlen),
1 TL Garam Masala,
Salz, Öl,
›Panir‹ aus 2 l Milch

In einer Pfanne den abgetropften, in Würfel geschnittenen ›Panir‹ in Öl anbraten, bis die Würfel goldbraun sind. Gleich nach dem Anbraten in die Molke legen: Das gibt einen kräftigeren Geschmack. Die Zwiebeln und Knoblauchzehen in Öl anbraten. Alle Gewürze außer Garam Masala zufügen. Einige Minuten mitbraten, dann die Tomaten hineingeben. Dosentomaten läßt man 5 bis 10 Minuten kochen, frische etwas länger. Die Perlerbsen und einen Teil ihrer Flüssigkeit, Salz und Garam Masala in den Topf geben. Sobald alles aufkocht, den Joghurt hineingießen, umrühren, um alles gut zu vermischen und zum Schluß die gebratenen ›Panir‹-Stückchen zufügen.

Pot-au-feu mit Käse

750 g Möhren,
500 g Lauch,
2 oder 3 schöne weiße Rübchen,
2 große Zwiebeln,
1 kleiner Stengel Sellerie,
1 Kräutersträußchen,
1 Gewürznelke,
Salz, Pfeffer,
400 g Gruyère oder Fromage de Comté
Cornichons, Senf

Die Zwiebeln, Möhren und weiße Rübchen schälen. Alle Gemüse unzerkleinert in einen Topf setzen, das Stück Käse auf die Gemüse legen. Ungefähr 1 bis 1½ Liter Wasser zugießen. Auf kleiner Flamme etwa 1 Stunde kochen lassen. Wenn alle Gemüse gar sind, sollte der Käse geschmolzen sein – was nicht geschmolzen ist, kann man nicht essen, es hat eine gummiartige Konsistenz angenommen, dafür aber die Brühe köstlich parfümiert. Wenn nötig, noch ein wenig salzen, pfeffern, dann den ›Pot-au-feu‹ servieren.
Reichen Sie Senf und Cornichons dazu.

Rotkohl mit Äpfeln und Johannisbeersauce

1 schöner Rotkohl,
6 schöne Äpfel (Boskop oder Reinetten),
Gewürznelken,
1 Zwiebel,
30 g Butter,
30 g Mehl,
1 EL Essig,
3 EL Johannisbeergelee,
Salz, Pfeffer

Den Kohl waschen, hobeln und mit den geschälten, geviertelten Äpfeln in einen Topf geben. Mit Wasser bedecken. Salzen, pfeffern, 2 oder 3 Gewürznelken beifügen und auf kleiner Flamme ungefähr 1 Stunde kochen lassen.
Währenddessen die Zwiebel hacken, in etwas Butter andünsten. Wenn sie eine goldbraune Farbe angenommen hat, aus dem Topf nehmen, das Mehl auf die Butter schütten. Mit einem Holzlöffel gründlich umrühren, das Mehl soll alle Butter aufsaugen und eine rotbraune Farbe annehmen. Etwas Kochwasser vom Kohl mit dem Essig vermischen und zugießen. Bei sehr schwacher Hitze etwa 20 Minuten köcheln lassen, dann das Johannisbeergelee hineinrühren. Den Rotkohl und die Äpfel mit dieser Sauce vermengen und sofort servieren.

Ratatouille nach Art von Nizza

500 g Auberginen,
500 g Zucchini,
500 g Paprikaschoten,
1 kg Tomaten,
4 schöne Zwiebeln,
1 Kräutersträußchen,
4 Knoblauchzehen,
Salz, Pfeffer,
Olivenöl

Alle Gemüse gründlich waschen. Die Auberginen und die Zucchini nicht schälen, in nicht zu große Würfel schneiden. Die Paprikaschoten von Kernen befreien, das Fruchtfleisch in Streifen schneiden.
Die drei Gemüse jeweils für sich, mit Salz, Pfeffer und einer zerdrückten Knoblauchzehe in Olivenöl andünsten. Bei mittlerer Hitze weich werden lassen.
In der Zwischenzeit eine Tomatensauce bereiten: Die gehackten Zwiebeln goldbraun dünsten, die geschälten, in Stücke gehackten Tomaten, eine zerdrückte Knoblauchzehe, das Kräutersträußchen, Salz und Pfeffer zufügen. Es sollte eine dicke, kräftige Sauce entstehen.
Sobald alle Gemüse gar sind, gibt man sie in einen einzigen Topf, vorher gut abtropfen lassen, damit die Ratatouille nicht zu ölig wird. Das Kräutersträußchen aus der Tomatensauce nehmen, die Sauce über die Gemüse gießen. Alles gut vermischen und vor dem Servieren noch einige Minuten köcheln lassen.
Diese Ratatouille schmeckt auch kalt.

Anmerkung:
Wenn Sie es sehr eilig haben, können sie die Gemüse zusammen kochen. Nach dem Originalrezept werden sie jedoch getrennt gegart und nicht geschält, genau wie oben angegeben.

Ratatouille ›Fantasie‹

2 schöne Auberginen,
3 Zucchini,
2 große Paprikaschoten
(1 grüne, 1 rote),
6 reife Tomaten,
200 g frische Bohnenkerne,
4 schöne Kartoffeln,
2 große Zwiebeln,
4 Knoblauchzehen,
1 Kräutersträußchen,
¼ l Öl,
Salz, Pfeffer,
2 Salbeiblätter

Die Gemüse putzen. Die Auberginen in kleine Würfel schneiden, die Zucchini in etwas größere. Die Paprikaschoten von Kernen befreien, das Fruchtfleisch in Streifen schneiden. Die Kartoffeln schälen und ebenfalls würfeln.
Jedes Gemüse für sich mit je einer zerdrückten Knoblauchzehe, Salz und Pfeffer in einem Viertel des Öls andünsten und auf kleiner Flamme kochen lassen. Die Bohnenkerne mit den Salbeiblättern in sehr wenig kochendem Wasser garen. Leicht salzen. Wenn nötig, zwischendurch noch ein wenig Wasser zugießen.
Die Tomaten überbrühen, häuten, in Viertel schneiden, zusammen mit den gehackten, angedünsteten Zwiebeln eine Tomatensauce bereiten. Salzen, pfeffern und das Kräutersträußchen zufügen. Ohne Deckel kochen lassen, damit die Sauce andickt. Sobald die Sauce fertig ist, das Kräutersträußchen entfernen. Die gut abgetropften Gemüse in die Sauce geben. 20 Minuten bei geringer Hitze köcheln lassen.

Rotkohl mit Äpfeln und Zwiebeln

1 schöner Rotkohl,
4 große Zwiebeln,
4 schöne Äpfel
(Boskop oder Reinetten),
75 g Butter oder
Pflanzenfett,
3 EL Öl
(Erdnuß- oder Maisöl),
Salz, Pfeffer,
2 EL Crème fraîche
(nach Belieben)

Den Kohl putzen und fein hobeln.
Die Zwiebeln hacken und in 50 g Butter und 1 EL Öl bei milder Hitze andünsten. Mit einem Schaumlöffel aus dem Topf nehmen und gut abtropfen lassen, dann beiseite stellen. Die restliche Butter und das übrige Öl in den Topf geben, darin die geschälten, in Viertel geschnittenen Äpfel anbraten.
In der Zwischenzeit den Kohl mit einem Glas Wasser in einen anderen Topf geben, auf ganz kleiner Flamme kochen lassen, dabei häufig umrühren. Nach Geschmack salzen und pfeffern. Wenn der Kohl weich wird, die Zwiebeln und Äpfel zufügen, alles zusammen 20 bis 30 Minuten köcheln lassen, dabei gelegentlich umrühren. Wenn nötig, ein wenig Wasser zugießen.
Heiß servieren, die Crème fraîche getrennt dazu reichen oder 2 EL Crème fraîche untermischen.

Sauerkraut

1 schöner Weißkohl,
6–12 Kartoffeln,
1 große Zwiebel,
2 Gläser trockener Weißwein,
20–30 Wacholderbeeren,
Öl, Salz, Pfeffer

Die Zwiebel und die Kartoffeln schälen. Den Kohl putzen und fein hobeln.
Die gehackte Zwiebel in einem großen Topf in ein wenig Öl andünsten. Das Kraut, die nicht zerkleinerten Kartoffeln und die Wacholderbeeren beifügen. Den trockenen Weißwein zugießen, bei schwacher Hitze 30 bis 45 Minuten dämpfen lassen. Während des Kochens den Deckel nicht abnehmen.

Sellerie, provenzalische Art

1 kg Bleichsellerie,
2 Tomaten,
2 Zwiebeln,
1–2 Knoblauchzehen,
Salz, Pfeffer,
Öl

Die Selleriestangen in Salzwasser kochen.
In der Zwischenzeit die Zwiebeln hacken, die Tomaten enthäuten, das Fruchtfleisch ganz fein würfeln, die Knoblauchzehen im Mörser zerstoßen.
In einem Topf in Öl die Zwiebeln andünsten. Sobald sie leicht gebräunt sind, den Knoblauch und die Tomaten zufügen. 15 bis 20 Minuten kochen lassen, dann die gut abgetropften, in Stücke geschnittenen Sellerie zufügen. Den Deckel auflegen und alles zusammen bei schwacher Hitze etwa 10 Minuten köcheln lassen.

Variation:
Auf dieselbe Weise kann man auch Mangoldrippen zubereiten.

Spinat mit ›Panir– (›palak panir‹, Indien)

2 kg Spinat,
250 g Panir
2 große Zwiebeln,
15–20 g frischer Ingwer,
1 TL Curcuma,
1 TL Koriander (gemahlen),
1 TL Kreuzkümmel (gemahlen),
Salz,
Pfeffer oder Chilipulver,
ungefähr ½ Glas Öl oder Butter

Den Spinat waschen. Mit sehr wenig Salzwasser kochen, abtropfen lassen und zu Püree verarbeiten.
Die Zwiebeln und den Ingwer schälen, beides sehr fein hacken. Den abgetropften ›Panir‹ in Würfel schneiden, diese in sehr heißem Öl anbraten. Aus dem Topf nehmen und sofort in die Molke legen, die zu diesem Zweck aufbewahrt wurde.
In demselben Öl die Zwiebeln und den Ingwer anbraten, alle Gewürze zufügen und die Mischung anbräunen lassen. Wenn nötig, ein ganz klein wenig Wasser zugießen, damit nichts anbrennt. Den

pürierten Spinat dazuschütten. Ist er sehr trocken, gibt man noch 1 Glas oder 1 Tasse Wasser zu: Doch Vorsicht, er soll weder zu dick noch zu dünnflussig sein. Etwa 10 Minuten auf kleiner Flamme köcheln lassen, abschmecken und zum Schluß die angebratenen ›Panir‹-Würfel zufügen.
Sehr heiß mit Reis oder einer Speise aus Getreideprodukten servieren; Pfannkuchen passen auch gut dazu.

Bunter Spinat

1 kg Spinat,
3 Kartoffeln,
1 schöne Aubergine,
¼ Dose kleine Erbsen (125 g),
3 Zwiebeln,
250 g Champignons,
2 Knoblauchzehen,
½ TL Senfkörner,
½ TL Bockshornkleesamen,
3 Chilischoten
(nach Belieben),
Salz, Pfeffer, Öl

Die Zwiebeln hacken. Den Spinat waschen, sehr grob hacken. Die Champignons putzen.
In einem Schmortopf die Zwiebeln mit einer zerdrückten Knoblauchzehe in Öl andünsten. Salzen und pfeffern. Wenn die Zwiebeln goldbraun sind, die Chilischoten und die Gewürze zufügen. Sobald die Senfkörner nicht mehr hochspringen, die in Scheiben geschnittenen Kartoffeln und die Auberginenscheiben zufügen. Sie müssen leicht anbraten. Nach 5 bis 10 Minuten den Spinat in den Topf geben. Ein kleines Glas Wasser zugießen, salzen, pfeffern, den Deckel auflegen und garen lassen.
Währenddessen die Champignons in Scheiben schneiden, mit Salz, Pfeffer und der anderen gehackten Knoblauchzehe in Öl anbraten. Fünf Minuten bevor die anderen Gemüse gar sind, gibt man die Erbsen und die Champignons zu ihnen in den Topf.

Spinat mit Crème fraîche

2,5 kg frischer Spinat,
5 EL Crème fraîche
(1 Becher mit 10 cl Inhalt),
30–50 g Butter,
Salz, Pfeffer,
Muskat

Den Spinat gründlich waschen, in kochendem Salzwasser 3 bis 5 Minuten blanchieren: Die Blätter sollten noch ein wenig fest sein. Abtropfen lassen.
Inzwischen im Wasserbad Butter und Crème fraîche erhitzen, mit Salz, Pfeffer und Muskat würzen. Der Pfeffergeschmack sollte dominieren. Den Spinat in eine Schüssel geben und unmittelbar vor dem Servieren mit dieser einfachen, aber köstlichen Sauce begießen.
Auf dieselbe Weise können Sie Spargel, Chicorée, Champignons, Sauerampfer, Fenchel, Sellerie, Lauch, geschmorten Kopfsalat etc. zubereiten.

Vegetarische Spießchen

Für 8 Spießchen:
8 mittelgroße feste Tomaten,
6 Paprikaschoten,
6 große Zwiebeln,
40 Champignonköpfe
(die Stiele für eine Suppe
oder für Salat verwenden),
Salz, Pfeffer,
Öl (vorzugsweise Olivenöl),
trockener Weißwein

Die Gemüse waschen, die Tomaten vierteln. Die Paprikaschoten von Kernen und weißen Innenwänden befreien, das Fruchtfleisch in genügend große Stücke zerschneiden, die Zwiebeln schälen, ebenfalls vierteln.
Auf jedes Spießchen nacheinander ein Stück Tomate, ein Stück Zwiebel, einen Champignon, ein Stück Paprika stecken. In derselben Reihenfolge weitermachen, bis kein Platz mehr ist. Salzen und pfeffern, im Ofen bei starker Hitze ungefähr 15 Minuten braten, dabei immer wieder mit Öl beträufeln. Natürlich können Sie die Spießchen auch im Grill, auf offenem Feuer (draußen) oder im Kamin über Holzfeuer zubereiten . . . Sie erhalten dadurch ein unvergeßliches Aroma, vor allem, wenn Sie die Spießchen vor dem Garen mit etwas trockenem Weißwein begossen haben.

Zweierlei Bohnen

500 g frische grüne Bohnen,
500 g frische Bohnenkerne,
3 Zwiebeln,
40 g Butter,
1 Glas Milch,
Salz, Pfeffer,
2 Salbeiblätter

Die grünen Bohnen in 1 bis 2 cm lange Stücke schneiden, mit einem Glas heißem Wasser 20 bis 25 Minuten dünsten. Salzen. Gleichzeitig die Bohnenkerne mit zwei Gläsern heißem Wasser, Salz und den Salbeiblättern zum Kochen bringen. Ungefähr 20 Minuten auf kleiner Flamme köcheln lassen. Vorsicht, die Kerne sollten sich leicht zerdrücken lassen, dürfen aber nicht platzen.
Währenddessen die Zwiebeln schälen, hacken und mit der Butter verkneten, in einen Topf geben und schmelzen lassen, die Zwiebeln sollten dabei eine hellgelbe Farbe annehmen. Am Ende der Kochzeit die Bohnen abtropfen, das Kochwasser auffangen.
Die grünen Bohnen in den Topf mit den Zwiebeln geben, die Milch zugießen, bei kleiner Flamme weich dünsten. Dann die Bohnenkerne zufügen, noch weitere 10 Minuten köcheln lassen.
Bei Bedarf noch ein wenig Kochwasser zugießen.

Füllungen und Pürees

Gefüllte Auberginen

6 Auberginen,
1 Zwiebel,
1 Knoblauchzehe,
1 Paprikaschote,
2 Tomaten,
100 g Naturreis,
Salz, Pfeffer,
1 Msp Safran,
Öl,
60 g geriebener Käse

Den Reis in Salzwasser kochen.
Die Auberginen waschen, abtrocknen, der Länge nach durchschneiden, nicht schälen. In einer Pfanne oder im Ofen mit der Schnittseite nach unten in etwas Öl braten. Wenn sie weich sind, die Auberginenhälften mit einem Teelöffel bis auf die Schale aushöhlen. Das Fleisch beiseite stellen. Die Zwiebel hacken, die Knoblauchzehe zerdrücken, die Paprikaschote von Kernen befreien, das Fruchtfleisch in dünne Streifen schneiden, die Tomaten häuten und kleinwürfeln. Alles mit ein wenig Öl in einem Topf anbraten. Wenn die Zwiebeln eine goldbraune Farbe angenommen haben, den gekochten Reis und das zerdrückte Auberginenfleisch beifügen. Salzen, pfeffern, mit dem in 1 TL Wasser aufgelösten Safran würzen. Gut durchrühren und auf ganz kleiner Flamme noch 15 Minuten köcheln lassen.
Die Auberginenschalen mit dieser Farce füllen, auf ein geöltes Blech setzen, mit dem geriebenen Käse bestreuen und einige Minuten im heißen Ofen überbacken lassen.

Auberginen, gefüllt auf indische Art

Für 4 Personen:

4 große Auberginen,
500 g Kartoffeln,
2 Tomaten,
1 große Zwiebel,
ungefähr 15 g frischer Ingwer,
1–2 grüne frische Peperoni,
½ Zitrone oder 1 Limette,
1 TL Garam Masala,
Salz,
Pfeffer oder Chilipulver,
4 EL Öl,
80 g Kichererbsenmehl

Die Kartoffeln in Salzwasser kochen. Die Haut entfernen, die Kartoffeln pürieren. Das Püree mit Salz, Pfeffer oder Chilipulver, in Ringe geschnittenen Peperoni, feingehacktem Ingwer, kleingewürfelter Zwiebel, Garam Masala und dem Saft der halben Zitrone vermischen.
Die Auberginen kochen. Der Länge nach durchschneiden. Aushöhlen und mit dem Kartoffelpüree füllen. Aus dem Mehl und etwas Wasser einen dünnflüssigen Teig bereiten, die gefüllten Auberginen eintauchen und bei milder Hitze in einer Pfanne in Öl fritieren, bis sie eine goldbraune Farbe angenommen haben.
Die Tomaten in Scheiben schneiden, in demselben Öl anbraten.
Die Tomatenscheiben auf die Auberginen legen und servieren.

Champignons mit Schalotten gefüllt

Für 4 Personen:

20 große Champignons,
5 Schalotten,
3 Knoblauchzehen,
50 g Butter,
einige Petersilienstengel,
Salz, Pfeffer

Champignons mit möglichst großen Köpfen aussuchen. Putzen, waschen, sorgfältig trocknen, die Stiele entfernen.
Die grobgehackten Knoblauchzehen, Schalotten und Champignonstiele in Butter andünsten. Salzen, pfeffern, die Champignonköpfe mit dieser Farce füllen. Auf jeden Kopf ein Butterflöckchen setzen und im heißen Ofen 10 Minuten garen. Mit gehackter Petersilie bestreut servieren.

Kartoffel-Mangold-Püree

1 kg Kartoffeln,
1 kg Mangold,
60–100 g Butter,
ungefähr ½ l Milch,
Salz,
2–3 EL Edelhefe in Flockenform,
einige grüne Oliven (nach Belieben)

Die Kartoffeln schälen, in Salzwasser kochen. Wenn sie halb gar sind, die zuvor gewaschenen Mangoldblätter zufügen. Sobald die Kartoffeln gar sind, zusammen mit den Mangoldblättern pürieren, dabei langsam heiße Milch und Butter zufügen. Salzen, pfeffern, die Edelhefe zufügen und alles gut vermengen. Das Püree mit grünen Oliven verzieren.

Kartoffelpüree mit Zwiebeln

1 kg Kartoffeln,
1 kg Zwiebeln,
100 g Butter,
1 EL Öl,
½ l Milch,
Salz, Pfeffer,
Gewürznelkenpulver,
60 g geriebener Käse (nach Belieben)

Die geschälten Kartoffeln in Salzwasser kochen.
In der Zwischenzeit die Zwiebeln schälen, fein hacken und in der Hälfte der Butter, vermischt mit Öl, bei schwacher Hitze andünsten. Wenn sie weich werden, mit Salz, Pfeffer und einer Messerspitze Gewürznelkenpulver würzen. Die restliche Butter in kleinen Mengen dazugeben, aufpassen, daß die Zwiebeln nicht anbrennen.
Die gekochten Kartoffeln zu Püree verarbeiten. Die Milch schluckweise zugießen, damit das Püree cremiger wird, dann die goldgelb gedünsteten Zwiebeln mit der Butter beifügen. Gut mischen, eventuell nachwürzen und das Püree gleich so servieren oder zuvor noch mit geriebenem Käse bestreuen und im Ofen kurz überbacken.

Kartoffelpüree mit Pipérade und Champignons

Pipérade,
500 g Kartoffeln,
1,5 dl Milch,
30 g Butter,
200 g Champignons,
150 g geriebener Gruyère,
Salz, Pfeffer

Die Kartoffeln in Salzwasser kochen. Wenn sie gar sind, zu einem Püree verarbeiten, Milch und Butter untermischen, damit das Püree cremiger wird, salzen, wenn nötig.
Währenddessen eine Pipérade zubereiten. Die Champignons putzen, in kochendem Wasser blanchieren, trocknen und in Scheibchen schneiden.
In eine gebutterte oder geölte ofenfeste Form abwechselnd eine Lage Püree, eine Lage Pipérade und eine Lage Champignons einfüllen. Alles aufbrauchen, mit der Pipérade abschließen.
Alles mit geriebenem Käse bedecken, Butterflöckchen daraufsetzen und ungefähr 30 Minuten im heißen Ofen überbacken lassen.

Kartoffelpüree mit Champignons und Zwiebeln

1 kg Kartoffeln,
750 g Zwiebeln,
300–500 g Champignons,
80–100 g Butter,
½ l Milch,
1 EL Crème fraîche
(nach Belieben),
Salz, Pfeffer,
Muskatnuß,
Öl

Die Kartoffeln schälen, in Salzwasser kochen. In der Zwischenzeit die Zwiebeln hacken und die Champignons in Scheiben schneiden. Getrennt in einer Mischung aus Butter und Öl andünsten. Salzen und pfeffern. Die Zwiebeln sollten schön weich sein.
Die gekochten Kartoffeln pürieren, mit heißer Milch, Butter, Crème fraîche und geriebener Muskatnuß verfeinern. Die Zwiebeln und die Champignons in das Püree mischen, vor dem Servieren einige Minuten auf kleiner Flamme oder im Ofen erhitzen.

Kartoffelpüree mit Käse

1,5 kg Kartoffeln,
400 g geriebener Käse,
(Gouda, Gruyère
und Cantal, vermischt),
100 g Butter,
½ l Milch oder etwas mehr,
Salz,
Muskatnuß

Die Kartoffeln schälen, in Salzwasser kochen. Sobald sie gar sind, abtropfen lassen und zu Püree verarbeiten. Die heiße Milch, Butter und geriebene Muskatnuß zufügen. Mit einem Schneebesen gut durchschlagen, damit das Püree locker wird. Den geriebenen Käse in kleinen Mengen zufügen, gut untermischen und erneut durchschlagen. Das Püree in eine ofenfeste Form geben, im Backofen in einigen Minuten schön golden werden lassen.
Dazu paßt ein gut gewürzter grüner Salat.

Kohl, gefüllt mit Maronen und Champignons

1 schöner grüner Kopfkohl
(Spitzkohl, Wirsing),
½ Dose Maronenpüree,
naturell (250 g),
oder 250 g frisch
hergestelltes Maronenpüree,
250 g Champignons,
Salz, Pfeffer,
Butter, Öl

Den Kohl 10 bis 15 Minuten in kochendem Salzwasser blanchieren. Abtropfen lassen.
Die Champignons in Scheibchen schneiden, in einer Mischung aus Butter und Öl garen. Mit Salz und Pfeffer würzen.
Das Maronenpüree auf kleiner Flamme erhitzen, mit Butter noch geschmeidiger machen. Die Champignons zufügen, gut vermischen.
Die Kohlblätter doppelt (ein kleines Blatt auf ein großes) legen, damit sie besser halten, darauf die Farce verteilen. Die Blätter zusammenfalten, in eine gebutterte ofenfeste Form setzen. Auf jedes ›Paket‹ ein Butterflöckchen geben und bei mittlerer Hitze im Backofen garen. Sie sollten dann schön gebräunt sein. Das dauert etwa ½ Stunde.

Kartoffel-Sellerie-Püree

6 schöne Kartoffeln,
2 große Sellerieknollen,
10 cl Crème fraîche,
50 g Butter,
Salz, Pfeffer,
Muskatnuß,
60 g geriebener Gruyère
oder Cantal (nach Belieben)

Die Sellerieknollen und die Kartoffeln schälen, in kochendem Salzwasser etwa 30 Minuten garen, wenn möglich in verschiedenen Töpfen.
Abtropfen lassen, beide Gemüse pürieren, das Püree in einen Topf geben, die Butter und die Crème fraîche zufügen. Mit Pfeffer und geriebener Muskatnuß würzen. 10 Minuten auf kleiner Flamme köcheln lassen, dabei ständig umrühren. Nach Belieben am Schluß noch den geriebenen Käse untermischen.

Kohl mit Reis gefüllt

1 schöner grüner Kopfkohl,
150 g Reis,
500 g Zwiebeln,
Salz, Pfeffer,
Kräuter, Öl

Den Kohl gründlich waschen, etwa 10 Minuten in kochendem Salzwasser blanchieren. Den Kohl abtropfen lassen, die Blätter vorsichtig ablösen.
In der Zwischenzeit den Reis kochen und die gehackten Zwiebeln in ein wenig Öl andünsten.
Eine Farce aus gekochtem Reis, den goldbraun gerösteten Zwiebeln und gehackten Kräutern (Petersilie, Kerbel, Estragon, Schnittlauch etc.) bereiten. Mit Salz und Pfeffer abschmecken.
Die größten Kohlblätter ausbreiten, jeweils kleinere darauflegen, dann etwas von der Füllung daraufsetzen und nach Belieben zu viereckigen Päckchen zusammenfalten oder aufrollen. Mit Faden oder Zahnstochern zusammenhalten.
In einen geölten Topf setzen und ungefähr ½ Stunde schmoren lassen, dabei gelegentlich mit etwas Kochflüssigkeit oder Öl beträufeln.

Artischockenböden ›Valmiki‹

Rechnen Sie mit mindestens 2 Artischocken pro Person.

Für 8 Artischocken:
Etwa 20 schwarze Oliven,
500 g Kartoffeln,
1–2 Knoblauchzehen,
einige Petersilienstengel,
Salz, Pfeffer,
etwas vegetarische Pâté
(gekauft oder zubereitet
nach Rezept Seite 79),
Öl

Schöne Artischocken auswählen, die Blätter entfernen, nur die Böden verwenden.
Die Böden mit zerdrücktem Knoblauch, gehackter Petersilie, einer oder zwei entsteinten Oliven – nach Belieben halbiert oder geviertelt – und etwas vegetarischer Pâté belegen. Die Artischockenböden in eine gebutterte Form legen, in die Zwischenräume die je nach Größe halbiert oder geviertelten Kartoffeln setzen. 1 bis 2 Glas Wasser zugießen, salzen und pfeffern. Den Deckel auflegen und auf dem Herd oder im Ofen 40 Minuten garen lassen.

Gefüllte Kürbisblüten, fritiert

16 Kürbisblüten,
150 g Reis,
Salz, Pfeffer,
Muskat,
Fritieröl,
Ausbackteig

Einen Ausbackteig bereiten.
Den Reis in Salzwasser kochen. Abtropfen lassen, mit Pfeffer und etwas Muskat würzen.
Die Kürbisblüten mit Reis füllen, die Blütenblattenden so drehen, daß die Blüte geschlossen ist. Die Blüte in den Ausbackteig tauchen und sofort in das heiße Fritieröl einlegen. Sobald der Teig goldbraun ist, die Blüte mit einem Schaumlöffel herausnehmen und auf Küchenpapier abtropfen lassen.
Kürbisblüten können Sie auch ohne Füllung auf dieselbe Weise zubereiten: Ihr delikates Aroma kommt so noch besser zur Geltung. Natürlich brauchen Sie dann aber wesentlich mehr Blüten!

Paprikaschoten, gefüllt mit Maiscreme

6 schöne Paprikaschoten,
1 Dose Gemüsemais (500 g),
100 g geriebener Käse,
Salz, Pfeffer,
1 EL Senf
(nach Belieben)

Die Paprikaschoten waschen, den Stiel entfernen, die Schoten der Länge nach durchschneiden, die Kerne entfernen. Die Hälften 20 bis 30 Minuten grillen.
In der Zwischenzeit den Mais abtropfen, im Mixer pürieren, das Püree mit der Hälfte des geriebenen Käses, Salz, Pfeffer und dem Senf vermischen.
Die Paprikahälften in eine geölte ofenfeste Form setzen, mit der gewürzten Maiscreme füllen. Den restlichen Käse darüberstreuen und weitere 20 Minuten im Grill überbacken.

Paprikaschoten mit Estragonfüllung

6 große Paprikaschoten,
150 g getrocknetes
Mie de Pain
(durch ein Drahtsieb geriebenes, entrindetes Weißbrot),
2–3 Tomaten,
100 g Champignons,
1–2 Knoblauchzehen,
1 Bund Estragon,
Salz, Pfeffer, Öl,
12 entsteinte grüne Oliven
(nach Belieben)

Die Paprikaschoten waschen, rund um den Stiel eine Öffnung schneiden, dabei die Kerne entfernen. Die Schoten in einer Pfanne in wenig Öl leicht andünsten.
Die Tomaten aufschneiden, den Saft auspressen und beiseite stellen. Das Tomatenfleisch kleinwürfeln, die Champignons in Scheiben schneiden, die Oliven und den Estragon hacken. Alles in einer Schüssel gut vermischen, Mie de Pain und zerdrückten Knoblauch zufügen. Mit Salz und Pfeffer würzen, die Farce mit ein wenig Tomatensaft und Öl binden. Die Paprikaschoten mit dieser Farce füllen und ungefähr 30 Minuten auf kleiner Flamme köcheln lassen, dabei gelegentlich mit dem restlichen Tomatensaft (den man mit Öl strecken kann, falls nicht genügend vorhanden ist) beträufeln. Mit einer Gabel in die Paprikaschoten stechen, um festzustellen, ob sie gar sind: Das Fruchtfleisch darf weder zu weich noch zu fest sein.

Paprikaschoten, gefüllt auf arabische Art

Für 4 Personen, Vorbereitung und Kochzeit: 1 Stunde

8 Paprikaschoten,
200 g Reis,
2 Tomaten,
2 EL Pinienkerne oder Mandelsplitter,
50 g Rosinen,
2 Zwiebeln,
1 Gewürznelke,
2 TL Koriander (gemahlen),
½ TL Zimt (gemahlen),
Salz, Pfeffer,
Chilipulver (nach Belieben),
40 g Butter oder Öl

Die Paprikaschoten waschen, trocknen, um den Stiel eine Öffnung schneiden, die Kerne entfernen. Die Rosinen in lauwarmem Wasser einweichen. Den Reis waschen.
Die Butter in einem Topf zum Schmelzen bringen, sobald sie heiß ist, Zimt, Koriander, Gewürznelke und eine Messerspitze Chilipulver hineingeben. Umrühren, damit sich die Gewürze gleichmäßig verteilen, dann den Reis zuschütten. Mit einem Holzlöffel verrühren, damit sich alle Körner schön vollsaugen können. Doppelt soviel heißes Wasser wie Reis zugießen, salzen und die enthäuteten, in dünne Scheiben geschnittenen Tomaten zufügen. Den Deckel auflegen und bei sehr geringer Hitze so lange kochen lassen, bis alles Wasser absorbiert ist (zwischen 15 und 20 Minuten).
Währenddessen in einer Pfanne die gehackten Zwiebeln in Butter andünsten. Sobald sie weich sind, die Pinienkerne und die abgetropften Rosinen beifügen, einige Minuten anbraten lassen, dabei ständig umrühren, damit sie nicht anbrennen.
Alles mit dem Reis vermischen, darauf achten, daß die Körner unversehrt bleiben. Die Paprikaschoten mit dieser Farce füllen, auf ein geöltes Blech setzen.
Im Ofen bei mittlerer Hitze 20 bis 30 Minuten garen lassen.

Verschiedene gefüllte Gemüse

Für 4 Personen:

2 Auberginen,
2 Paprikaschoten,
2 Zucchini,
4 Tomaten,
150 g Reis,
150 g altbackenes Brot,
¼ l Milch,
2 schöne Zwiebeln,
200 g Champignons,
150 g geriebener Käse,
2 Knoblauchzehen,
2 TL gehackte Petersilie,
Öl, Paniermehl

Das zerkrümelte Brot in heißer Milch einweichen. Die Zucchini, die Auberginen und die Paprikaschoten waschen, gut abtrocknen. Die Zucchini 15 Minuten, die Auberginen und die Paprikaschoten 30 Minuten in den heißen Ofen legen.

Die Tomaten waschen, einen genügend großen Deckel abschneiden, das Innere mit einem Löffel herauskratzen, leicht salzen, dann die Tomaten mit der Öffnung nach unten auf einen Teller legen, damit sie austropfen können.

In der Zwischenzeit den Reis in Salzwasser kochen.

Die Zwiebeln hacken, in 2 EL Öl etwas Farbe nehmen lassen. Die Champignons in Scheiben schneiden, in Öl kurz andünsten, mit Salz und Pfeffer würzen. Zwiebeln, Champignons, zerdrückte Knoblauchzehen und gehackte Petersilie vermengen. Diese Mischung in zwei gleich große Portionen teilen, die eine Hälfte mit dem Reis, die andere mit dem ausgedrückten Brot vermischen. Jeweils eine Hälfte des geriebenen Käses an die Füllungen geben. Die Gemüse aus dem Ofen nehmen, der Länge nach durchschneiden. Die Paprikaschoten von Kernen befreien. Das Fruchtfleisch aus den Zucchini kratzen, mit der Reisfarce verarbeiten. Die Auberginen ebenfalls aushöhlen, ihr Fleisch durch ein Sieb drücken, um Kerne zurückzuhalten, dann mit der Brotfarce vermischen.

Die Paprika- und Auberginenhälften mit der Brotfarce, die Zucchinihälften und die ausgehöhlten Tomaten mit der Reisfarce füllen. Alle Gemüse mit Paniermehl bestreuen, mit etwas Öl beträufeln und im heißen Ofen etwa 20 Minuten garen. Wenn nötig, anschließend noch 5 bis 10 Minuten unter dem Grill goldbraun werden lassen. Mit gehackter Petersilie bestreut servieren.

Diese gefüllten Gemüse schmecken heiß und kalt.

Zwiebel Surprise

6 sehr schöne Zwiebeln,
150 g Mehl,
60 g Butter,
15–20 g frischer Ingwer,
¼ Dose Perlerbsen (125 g),
frische grüne Peperoni nach Belieben,
Salz, Pfeffer

Die Zwiebeln schälen und ganz in Salzwasser kochen, bis sie gerade weich sind. Abtropfen lassen. Vorsichtig das Innere aushöhlen, aber eine genügend dicke ›Hülle‹ stehen lassen. Aus dem feingehackten Ingwer, den kleingeschnittenen Peperoni, den Erbsen und dem zermusten Inneren der Zwiebeln eine Farce bereiten. Salzen und pfeffern (nicht zu stark; wenn Sie viele Peperoni verwendet haben, besser überhaupt nicht). Alles gut vermischen, die Zwiebeln mit dieser Farce füllen. Aus Mehl, weicher Butter und ein wenig Wasser einen Teig bereiten. Daraus sechs kleine Kugeln formen, jede dünn auswellen, bis sie die Größe eines Pfannkuchens hat. Jede Zwiebel mit Teig einwickeln. Dann auf eine gebutterte Form setzen. Den Teig mit geschmolzener Butter oder Öl bestreichen. Die Form in den Ofen schieben, bei mittlerer Hitze so lange backen, bis der Teig eine schöne, goldbraune Farbe angenommen hat.

Nachspeisen

Blancmanger (Martinique)

2 Kokosnüsse,
1 Dose gesüßte konzentrierte Milch (397 g),
30 g Gelatine,
Zimt- und Vanillepulver,
Limetten- oder Zitronenschale

Die Kokosnüsse anbohren, die Milch in einen Topf laufen lassen, mit der gesüßten konzentrierten Milch vermischen. Die Milchdose als Meßbecher benützen, eineinhalbmal mit Wasser füllen, dieses zu der Milch geben. Unter ständigem Umrühren auf kleiner Flamme erwärmen.
Gleichzeitig die Gelatine in ein wenig Wasser auflösen, mit der lauwarmen Milch vermischen. Geriebene Zitronenschale, Zimt und Vanille zufügen. Die Creme in eine Schale oder Puddingform füllen und 20 Minuten in das Gefrierfach stellen, dann bis zum Servieren im Kühlschrank aufbewahren.

Bananencreme

12 Petits Suisses (60 % Fett) oder 6 mit 60 % und 6 mit 40 % Fett, wenn Sie um Ihre Linie fürchten,
6 Bananen,
100 g Rosinen,
100–150 g frisch gemahlene Mandeln,
150 g Zucker,
1 TL Kardamom

Die Bananen schälen, auf einem Teller oder in einer Schale gut zermusen. Die Petits Suisses in eine große Schüssel geben, mit einer Gabel verrühren, damit sie schön cremig werden. Dann den Zucker, die geriebenen Mandeln, die zermusten Bananen, die zuvor eingeweichten Rosinen und das Kardamom zufügen. Kräftig vermischen, damit eine homogene Masse entsteht.
Die Oberfläche mit gehackten Mandeln oder roten Rosenblättern hübsch garnieren.

Stachelbeercreme

1,5 kg Stachelbeeren,
200–300 g Zucker,
je nach Süße der Früchte,
2 Gläser Wasser,
12 cl Crème fraîche

Die gewaschenen und entstielten Stachelbeeren in einem Topf mit Wasser und Zucker zum Kochen bringen. Sobald sie an die Oberfläche steigen, aus dem Wasser nehmen und durch ein Sieb drücken, damit Schalen und Kerne zurückgehalten werden. Das Stachelbeerpüree abkühlen lassen, dabei wird es dicker. Notfalls noch ein wenig Zucker zufügen. Vor dem Servieren Crème fraîche daruntermischen und noch einige Minuten in den Kühlschrank stellen.

Backpflaumencreme mit Orangen

500 g Backpflaumen,
3–5 Orangen
(je nach Größe),
150 g Zucker

Die Backpflaumen am Vorabend in lauwarmem Wasser einweichen: Es soll sie gerade bedecken.
Am nächsten Tag die Backpflaumen entsteinen, das Fruchtfleisch mit dem Einweichwasser pürieren. Das Wasser nur in ganz kleinen Mengen zugießen, die Creme darf nicht zu dünnflüssig sein. Die Orangen schälen, alles Weiße entfernen und das Fruchtfleisch ebenfalls pürieren. Mit dem Backpflaumenpüree vermischen. Nach Belieben zuckern.
Ein ausgezeichnetes Mittel bei Verstopfung.

Anmerkung:
Statt in Wasser kann man die Backpflaumen auch in Tee (Ceylon, Assam, Orange Pekoe . . .) einweichen.

Freude der Prinzen (Indien)

Am Vortag zubereiten

4 l Milch,
12 Scheiben Toastbrot,
450 g Zucker,
1 Tasse Mandeln,
gemischt mit Rosinen,
2 Tassen dicke Sahne,
1 Tasse geschmolzene Butter,
1 Tasse Wasser,
1 EL Safran,
½ TL Muskatnuß (gerieben)
gemischt mit Kardamom

Dieser sehr gehaltvolle (und nicht gerade billige) Nachtisch war eine der Lieblingsspeisen der Prinzen von Haiderabad im Süden Indiens. Die Brotscheiben halbieren, die Rinde entfernen. Die Hälften in der geschmolzenen Butter goldbraun rösten. Vom Feuer nehmen. Die Milch mit der Sahne auf 2 Liter einkochen (aufpassen, daß sie nicht überkocht!). Unterdessen aus Zucker und Wasser einen Sirup bereiten. Diesen Sirup vorsichtig in die heiße, eingekochte Milch gießen, den in einem Löffel Wasser aufgelösten Safran zufügen. Anschließend das geröstete Brot in die Milch legen, mit Kardamom und Muskat bestreuen. Etwa 12 Stunden weichen lassen.
Kurz vor dem Servieren die Mandeln und Rosinen in Butter leicht andünsten, dann auf die Speise streuen.

Grapefruits mit Quark

Für 6 Personen:
3 schöne Grapefruits
(vorzugsweise mit rosa Schale),
400 g Quark,
1 Päckchen Vanillezucker,
150 g brauner Zucker,
50 g Mandelsplitter,
6 kandierte Kirschen

Die Grapefruits waschen, halbieren, das Fleisch herausnehmen und pürieren.
In einer Schüssel den Quark mit dem Grapefruitpüree verrühren, bis eine cremige Mischung entsteht, die nicht zu flüssig sein soll. Zucker und Vanillezucker zufügen.
Den Quark in die Grapefruithälften füllen, in die Mitte eine kandierte Kirsche setzen, darum herum die Mandelsplitter anordnen. Kühl servieren.

Geschmolzene Bananen

8 Bananen,
60 g Butter,
100 g Korinthen,
100 g Rosinen,
Zucker (nach Belieben)

Die Rosinen in lauwarmem Wasser ½ Stunden einweichen. Die Bananen schälen, der Länge nach teilen, dann in 2 bis 3 Stücke schneiden. Die Butter in einer großen Pfanne erhitzen; sobald sie geschmolzen ist, die Bananen hineingeben. Einige Minuten auf großer Flamme goldbraun werden lassen, dann die Rosinen und Korinthen zufügen und bei geringer Hitze unter gelegentlichem Umrühren kochen lassen, bis die Bananen in eine Art Creme zerfallen sind. Nach Belieben süßen.

Variation:
Dieser an sich einfache Nachtisch wirkt festlicher, wenn Sie ihn flambieren. Sie brauchen ihn nur gleich nach dem Kochen mit Zucker bestreuen und etwas angewärmten Alkohol darüberträufeln, wie z. B. Rum, Curaçao, Cognac. Mit einem Streichholz anzünden.

Mandel-Halvah (Indien)

1 l Milch,
200 g Zucker,
150 g frisch gemahlene Mandeln,
3 EL geschmolzene Butter,
Safran,
Kardamom (gemahlen)

Die gemahlenen Mandeln in einen Emailletopf geben, mit ein wenig Milch zu einem Teig verarbeiten. Allmählich die restliche Milch zugießen, am Schluß den Zucker beifügen. Auf mittlerer Hitze ungefähr 1 Stunde kochen lassen, damit die Creme andickt, dabei öfter umrühren. Die geschmolzene Butter zufügen.
Gegen Ende der Kochzeit eine Messerspitze Safran und ungefähr 1 TL Kardamom hineingeben. Abkühlen lassen.

Orangensalat mit Weißwein

Ein oder zwei Tage vorher zubereiten

6 schöne Orangen,
Zucker nach Geschmack,
Weißwein

Die Orangen schälen, in Scheiben schneiden und in eine genügend große Schüssel legen. Zuckern, mit Weißwein begießen. 24 bis 48 Stunden ziehen lassen. Kühl servieren.

Exotisches Sorbet

Für 4 Personen:
2 Bananen,
2 Papayas,
2 Limetten,
150 g Zucker

Das Fruchtfleisch und den Zucker im Mixer pürieren, im Eisfach gefrieren.
Nach Belieben einen Schuß Rum zufügen.

Kürbis-Halvah (Indien)

1 kg Kürbis,
300 g Zucker,
50 g Mohnsamen,
125 g Butter,
50 g Trockenfrüchte:
Rosinen, Aprikosen,
Backpflaumen,
1 TL Kardamom (gemahlen)

Den Kürbis schälen, Kerne entfernen, das Fruchtfleisch in mittelgroße Stücke schneiden. Mit einem Glas Wasser in einem Topf auf kleiner Flamme gar kochen lassen, dabei sollte alles Wasser verdunsten. Beiseite stellen. In einem Topf die Butter schmelzen lassen, die Mohnsamen hineingeben. Kürbis zufügen, dabei ununterbrochen umrühren. Sobald er ganz leicht gebräunt ist, den Zucker dazuschütten, einkochen lassen, bis keine Flüssigkeit mehr im Topf ist. Heiß oder lauwarm servieren, mit gemahlenem Kardamom und in Stücken geschnittenem, getrocknetem Obst bestreuen.

Möhren-Halvah (Indien)

1 kg Möhren
(vorzugsweise junge),
200 g Butter,
3 EL Öl,
250–300 g Zucker,
1 Tube konzentrierte
gezuckerte Milch (330 g),
1–2 TL Kardamom (gemahlen)
oder 12 Kardamomkapseln,
im Mörser zerstoßen,
nach Wahl: *Cashewnüsse*
oder geschälte Pistazien,
Kokosnußstücke oder
Kokosflocken,
Rosinen

Möglichst zarte und süße Möhren auswählen. Putzen und sehr fein raspeln. In einem Topf ein Drittel der Butter und das Öl erhitzen, Möhren und Kardamom hineingeben. Auf kleiner Flamme köcheln lassen, dabei gelegentlich umrühren und nach und nach mehr Butter zufügen, sie wird von den Möhren aufgenommen.
Rechnen Sie mit 30 bis 40 Minuten Kochzeit, je nach Qualität der Möhren: Sie sollen leicht durchsichtig und sehr weich sein. Nun den Zucker zuschütten, vermischen, dann die konzentrierte Milch aus der Tube beifügen.
Ununterbrochen umrühren, bis die Mischung die ganze Milch aufgesogen hat und andickt. Vom Feuer nehmen. Die Halvah in eine große, flache Schale gießen, die Schicht sollte nicht zu dick sein. Die Oberfläche mit Rosinen, Cashewnüssen etc. bestreuen.
Möhren-Halvah ißt man lauwarm oder heiß. Kalt ist sie nicht so bekömmlich, weil dann die Butter wieder hart wird. Wenn man sie im voraus zubereitet, vor dem Servieren kurz im Ofen anwärmen.

Weizengrieß-Halvah mit Safran (Indien)

225 g sehr feinen Weizengrieß,
300 g Zucker,
½ l heißes Wasser,
125 g Butter,
150–200 g Mandeln, Pistazien und Rosinen (vermischt)
1 TL Safran

Die Butter in einer Kasserolle schmelzen lassen, den Grieß darin goldbraun anrösten. Das heiße Wasser und den Zucker zufügen, dann den in ¼ Tasse Wasser aufgelösten Safran. Auf kleiner Flamme andicken lassen, dabei ständig umrühren.
Gegen Ende der Kochzeit Rosinen, Mandeln und Pistazien untermischen, einige davon beiseite legen, um die Oberfläche damit zu verzieren.

Maronen-Küchlein (Korsika)

Ergibt etwa 15 Küchlein

200 g Eßkastanienmehl,
1 gestrichener TL Salz,
¼ l kaltes Wasser,
Öl (Erdnuß, Mais oder Sonnenblumen),
Zucker (nach Belieben)

In einer Schüssel das Eßkastanienmehl und das Salz vermischen, nach und nach das Wasser zugießen, mit einem Spatel oder Holzlöffel bearbeiten, bis ein glatter, homogener Teig entsteht. Ein wenig Öl in einer Pfanne erhitzen, wenn es sehr heiß ist, mit Hilfe eines Eßlöffels kleine Portionen Teig in die Pfanne setzen. So entstehen flache Küchlein. Sobald ihre Ränder dunkelbraun sind, die Küchlein umdrehen und von der anderen Seite anbraten: Sie sind gar, sobald sie sich mühelos von der Pfanne lösen. Sie sollten weich bleiben. Auf ein Tuch oder auf Küchenpapier legen, damit überschüssiges Fett abtropfen kann.
Gewöhnlich ißt man diese Küchlein heiß und mit Zucker bestreut, aber sie schmecken auch ganz köstlich gesalzen, dazu passen dann angedünstete Zwiebeln oder auch Paprikaschoten.

Maronenpüree

Für 4 Personen:
Rezept Nr. 1:

1 kg Eßkastanien,
Milch,
Zucker (nach Belieben)

Die Eßkastanien schälen, in einen Topf geben, mit Salzwasser bedecken, eine Viertelstunde kochen lassen.
Abtropfen lassen, die Eßkastanien nacheinander herausholen, die gelbe Haut entfernen. Durch ein Sieb streichen. Wer mag, gibt ein wenig heiße Milch dazu, das Püree wird dann cremiger. Wird es als Nachtisch gereicht, nach Belieben zuckern.

Rezept Nr. 2:

1 kg Eßkastanien,
1 l Milch,
Salz,
50–100 g Zucker,
Vanille,
50 g Butter,
Crème fraîche oder Sahne (nach Belieben)

Die Eßkastanien mit einem spitzen Messer rundherum oder überkreuz einschneiden, dann mit heißem Wasser überbrühen, aus dem Wasser nehmen und die Schale sowie die innere Haut entfernen.
Statt sie in Wasser zu kochen, gibt man sie in kochende Milch mit einer Messerspitze Salz. 20 Minuten garen lassen. Soll daraus ein süßes Gericht bereitet werden, eine der Länge nach gespaltene Vanillestange und 50 bis 100 g Zucker in die Milch geben.
Nach 45 Minuten bis 1 Stunde die Eßkastanien aus dem Topf nehmen, zerdrücken oder durch ein Sieb streichen. Die Butter vorsichtig mit einem Holzlöffel in das Püree einarbeiten. Um ein glattes, cremiges Püree zu erhalten, eventuell ein wenig von der Kochmilch unterrühren. Zucker nach Belieben zufügen.
Kurz vor dem Servieren kann man das Püree noch mit Crème fraîche verfeinern bzw. Crème fraîche oder Schlagsahne getrennt dazu reichen.

Pulenda (Korsika)

800 g Eßkastanienmehl,
2 l Wasser,
Salz,
kalte Milch oder Quark

Traditionsgemäß bereitet man die ›Pulenda‹ in einem Tongefäß zu. Besitzen Sie keines, nehmen Sie statt dessen einen großen Emailtopf und bringen Sie darin das Salzwasser zum Kochen. Sobald es kocht, das Eßkastanienmehl einrieseln lassen, mit einem Holzlöffel umrühren. Nach 20 Minuten die Pulenda in die Topfmitte schieben, dazu etwas Eßkastanienmehl an die Topfwände geben, damit sie sich leichter ablöst.
Bei schwacher Hitze kochen lassen, der Teig sollte Blasen werfen und sich gut vom Boden lösen. Den Teig auf ein mit Mehl bestreutes Tuch geben, mit einem Faden in Scheiben schneiden. In Korsika ißt man die Pulenda heiß mit frischem ›brocciu‹ (eine Art Quark) oder begießt sie mit kalter Milch.
Man kann die Scheiben nach dem Abkühlen (die Pulenda wird dadurch fester) in heißem Öl anbraten.
Lassen Sie einmal Schokolade im heißen Wasserbad schmelzen und beträufeln Sie die Pulenda damit: Das Rezept entspricht so zwar nicht der Überlieferung, aber es schmeckt einfach himmlisch.

Kleine Küchlein aus Haferflocken

1 große Tasse Haferflocken,
75 g Vollkornmehl,
75 g Rosinen,
75–100 g frische Kokosraspeln,
2–3 EL Öl,
(Sonnenblumen oder Erdnuß),
Salz,
Zucker (nach Belieben),
Wasser

Die Haferflocken in einer Pfanne trocken anrösten. In eine Schüssel geben, mit dem Mehl vermischen, eine Messerspitze Salz, die Rosinen, die Kokosraspeln, Zucker nach Belieben und Öl zufügen. So viel Wasser zugießen, daß ein dicker Teig entsteht, den man mit einem Löffel streichen kann. Den Teig auf einer gefetteten Kuchenform oder einem Backblech verteilen. In kleine Vierecke schneiden und ungefähr 20 Minuten im heißen Ofen backen lassen. Sie sollen eine schöne goldbraune Farbe annehmen.

Maistorte

1 l Milch,
125 g Maismehl,
125 g Rosinen,
160 g Zucker,
1 Vanillestange,
Zimtpulver

60 g Zucker für den Karamel beiseite stellen. Die Milch mit dem restlichen Zucker, mit der der Länge nach gespaltenen Vanillestange und den zuvor gewaschenen Rosinen erhitzen. Sobald sie kocht, das in etwas kalter Milch aufgelöste Maismehl zufügen. Ständig umrühren, damit eine dickflüssige, feste Creme entsteht.
In einer Charlottenform auf großer Flamme die 60 g Zucker mit 1 EL Wasser schmelzen. Sobald der Karamel eine schöne rote Farbe annimmt, die Form so bewegen, daß auch die Wände mit Karamel bedeckt werden, dann die sehr heiße Maiscreme hineingießen. Abkühlen lassen, auf eine Tortenplatte stürzen und mit Zimt überpudert servieren.

Milchreis (Martinique)

250 g Reis,
1 l Milch,
80–150 g Zucker,
15 g Butter,
Vanille, Zimt,
die Schale von 1 Limette
oder von ½ Zitrone

Den Reis gründlich waschen. Milch und Zucker in eine Charlottenform oder eine andere genügend große ofenfeste Form geben. Den Reis hineinschütten, Vanille, Zimt, Butter und in Stückchen geschnittene Limetten- oder Zitronenschale zufügen.
In einen mittelheißen Ofen setzen. Nach 1 Stunde nachschauen, ob noch Milch vorhanden ist: So lange im Ofen lassen, bis die Flüssigkeit vollkommen aufgesogen ist und die Reiskörner trocken wirken. Kurz vor Ende der Kochzeit kann man den Reis mit Zucker bestreuen, der dann karamelisieren wird.

Maismehlscheibchen (Béarn)

1 kg Maismehl,
½ l Wasser,
Butter, Zucker,
Zimtpulver, Salz

Das Wasser mit einer guten Messerspitze Salz aufkochen. Sobald es sprudelt, das Mehl hineinschütten und 5 Minuten kochen lassen, dabei kräftig umrühren. In eine flache Schale gießen und mindestens einen Tag abkühlen und ruhen lassen.
Am nächsten Tag den Maismehlkuchen in dünne Scheiben schneiden, diese in etwas Butter in einer Pfanne goldbraun braten und mit Zucker und Zimt bestreut servieren.

Maisgrießkuchen mit Datteln

1 l Milch,
100 g Puderzucker,
6–8 EL Maisgrieß,
½ Zitrone,
1 Päckchen Vanillezucker,
200 g Datteln,
Zimt,
Zucker zum Karamelisieren,
kandierte Kirschen
(nach Belieben)

Die Datteln am Vorabend (oder morgens, wenn man abends kochen will) in etwas Wasser einweichen. Kurz vor Beginn der Zubereitung entsteinen und das Fruchtfleisch in kleine Stücke schneiden.
Die Milch mit dem Zucker erhitzen. Sobald sie kocht, den Maisgrieß einrieseln lassen, nehmen Sie 6 oder 8 EL, je nachdem, ob Sie den Kuchen mehr oder weniger fest wollen. Ungefähr 8 Minuten bei schwacher Hitze kochen lassen, dabei ständig umrühren. Die Schale und den Saft von ½ Zitrone, den Vanillezucker, die Dattelstückchen und den Zimt zufügen. Gut umrühren, den Brei in eine gebutterte oder mit Karamel ausgegossene Schüssel oder Charlottenform geben. Abkühlen lassen. Vor dem Servieren stürzen, die Oberfläche mit Dattelhälften und kandierten Kirschen verzieren.

Variation:
Sie können die Zitrone durch eine Orange ersetzen und statt Datteln getrocknete Bananen nehmen.

Schokoladen-Couscous

250 g Couscousgrieß,
die doppelte Menge Wasser
oder Milch,
150 g Zucker,
150 g Kochschokolade,
80–100 g Butter

Die Milch oder das Wasser aufkochen, den Couscousgrieß einrieseln lassen. Unter ständigem Umrühren auf mittelgroßer Flamme kochen, bis der Couscousgrieß gut aufgegangen ist. Den Zucker unterrühren.
In der Zwischenzeit eine Schokoladencreme herstellen. Dafür die Schokolade in Stücke schneiden, mit sehr wenig Wasser (1 bis 2 EL) in einen Topf geben und bei ganz geringer Hitze schmelzen lassen. Sobald die Schokolade weich wird, die in kleine Stücke geschnittene Butter einrühren, gut vermischen, damit eine glatte Creme entsteht. Diese vorsichtig in den Couscousgrieß einrühren.
Dieser Nachtisch schmeckt heiß oder kalt.

Variation:
Die Schokoladencreme können Sie auch auf eine andere Methode bereiten: Milchpulver in wenig Wasser auflösen, um eine stark konzentrierte, etwas schaumige Creme zu erhalten. Kakao und Zucker nach Belieben zufügen (dann den Grieß nicht zuckern).
Diese Creme wird nicht ganz so delikat schmecken wie die vom Originalrezept. Sie ist aber eine schnelle und einfache Notlösung, falls Sie es einmal eilig haben oder wenn gerade keine Kochschokolade zur Hand ist.

Himbeerkuchen

Der Teig:

300 g Mehl,
100 g Butter
oder Pflanzenfett,
100 g Zucker,
2 EL Wasser

Butter und Zucker cremig rühren. Das Mehl zuschütten und kneten, bis ein homogener Teig entsteht. Eine Kugel formen und 1 Stunde im Kühlschrank ruhen lassen.
Den Teig auswellen, eine eingefettete und bemehlte Kuchenform damit auslegen und im gut heißen Ofen 20 Minuten backen lassen.

Der Belag:

1 kleines Glas
Himbeergelee,
100 g Mandeln, Splitter,
Stifte oder gemahlen

Das Himbeergelee mit den Mandeln vermischen, den Kuchenboden damit bestreichen und noch einmal 5 Minuten in den Ofen schieben.

Zitronenkuchen

Sandteig, aus 250 g Mehl
bereitet,
350 g Zucker,
100 g frisch gemahlene
Mandeln,
6 Zitronen

Den Teig bereiten, mit etwas abgeriebener Zitronenschale aromatisieren. Eine Kuchenform damit auslegen.
In einer Schüssel die gemahlenen Mandeln mit 100 g Zucker, Saft und abgeriebener Schale einer Zitrone vermischen. Diese Creme mit einem Schneebesen oder einer Gabel kräftig durchschlagen, den Teig damit bestreichen. Bei mittlerer Hitze 20 bis 30 Minuten im Ofen backen.
Währenddessen die übrigen Zitronen waschen, in Scheiben schneiden und ¼ Stunde in einem Sirup aus dem restlichen Zucker (250 g) und ¼ l Wasser kochen.
Wenn der Kuchen gebacken ist, mit den halbkandierten Zitronenscheiben garnieren und nach Belieben mit Sirup beträufeln.

Mangoldtorte (Nizza)

Die Füllung:
1 kg Mangold (vor allem Blätter),
4 Äpfel, vorzugsweise Reinetten,
100 g Rosinen,
150 g Zucker,
1 Zitrone,
1 Msp Salz,
1 Päckchen Vanillezucker,
einige Pinienkerne,
2 EL Rum (nach Belieben)

Den Mangold blanchieren, das Wasser nicht salzen. Aus dem Gemüse möglichst alle Flüssigkeit ausdrücken, dann grob hacken. In eine Schüssel geben und die geschälten, in Scheiben geschnittenen Äpfel, die Rosinen, die Pinienkerne, den Zucker und den Rum sowie die abgeriebene Zitronenschale zufügen. Gut vermischen und 1½ Stunden stehen lassen. In der Zwischenzeit den Teig bereiten.

Der Teig:
500 g Mehl,
250 g Butter oder Pflanzenfett, oder halb Butter, halb Öl,
100 g Zucker,
1 Msp Salz

Alle Zutaten in eine Schüssel geben und mit den Fingerspitzen verkneten, bis die Mischung bröselig wird, an geriebenen Käse erinnert. Dann ½ Glas Wasser zugießen und mit einem Holzlöffel einarbeiten. Den Teig nicht übermäßig kneten. Eine Stunde ruhen lassen.
Ungefähr ⅔ des Teiges auf ein gefettetes Backblech geben (auswellen oder mit den Händen flachdrücken), an den Seiten einen Rand stehen lassen. Den Boden mit einer Gabel einstechen.
Die Füllung daraufgeben und mit dem Rest des Teiges bedecken, Deckel und Rand fest gegeneinanderdrücken. Den Deckel mit einer spitzen Schere alle 3 bis 4 cm einritzen. Die Torte bei mittlerer Hitze backen. Wenn sie gar ist, aus dem Ofen nehmen und mit Zucker bestreuen.
Diese Torte kann man auch sehr gut einen Tag im voraus bereiten, den Deckel dann aber erst auflegen, wenn die Füllung abgekühlt ist.

Kuchen, verkehrt

Mürbeteig, aus 200 g Vollkornmehl bereitet,
100 g Butter,
Salz;

Belag:
3 große Reinetten,
100 g Zucker,
50 g Butter

Den Teig bereiten. Die Äpfel schälen, Kernhaus entfernen, Äpfel in dünne Scheiben schneiden. Den Ofen vorheizen. Den Teig etwa ½ cm dick auswellen. Die Kuchenform buttern und bemehlen.
In einem Topf die Butter, den Zucker und ein ganz klein wenig Wasser erhitzen. Diese Mischung bildet schnell eine Art Karamel, die Sie sofort in die Mitte der Kuchenform gießen: Sie verteilt sich während des Backens von selbst. Die Äpfel in die Form geben, den Teig darüberlegen, mit der Gabel einstechen. Dies muß alles möglichst rasch geschehen, damit der Karamel nicht hart wird.
30 Minuten im heißen Ofen backen.
Den Kuchen, sobald er aus dem Ofen kommt, stürzen: Er soll ziemlich flach sein und eine goldbraune Farbe haben.

Rhabarberkuchen

250 g Mehl,
1 TL Zimt,
1 Msp Ingwer (gemahlen),
10–20 Rhabarberstengel, je nach Größe,
1–2 EL Zucker,
50 g Butter oder Pflanzenfett,
zusätzlich noch ein wenig Zimt oder Ingwer (gemahlen)

Einen Sandteig bereiten, mit einem Teelöffel Zimt und einer Messerspitze Ingwer aromatisieren.
Eine Kuchenform damit auslegen, bei mittlerer Hitze 10 Minuten blind backen.
Den Rhabarber schälen und in kleine Würfel schneiden. Überbrühen. Handelt es sich um die zweite oder dritte Ernte, mit einem guten Eßlöffel Zucker kurz kochen lassen. Abtropfen lassen und den Kuchenboden damit belegen.
Die geschmolzene Butter mit Zucker, etwas Zimt und einer Messerspitze Ingwer vermischen. Den Rhabarber mit dieser Zubereitung bestreichen und den Kuchen im heißen Ofen in 20 Minuten fertigbacken lassen.

Makronen nach Großmutters Art

Am Vortag zubereiten

500 g Mehl,
250 g heller Farinzucker, Salz,
250 g Butter,
½ Päckchen Hefe

Den Teig am Abend bereiten. In eine Schüssel Mehl, Zucker und eine gute Messerspitze Salz geben. Mit einem Löffel durchmischen. Die weiche, aber nicht geschmolzene Butter und die Hefe zufügen. Von Hand verkneten, es soll ein fester, homogener Teig entstehen. An einem kühlen Ort oder im Eisschrank über Nacht ruhen lassen. Am nächsten Tag kleine Kugeln formen, dazu rollt man den Teig zwischen den Handballen. Auf ein gebuttertes und bemehltes Backblech setzen. Im warmen Ofen 10 bis 15 Minuten backen. So erhalten Sie knusprige kleine Makronen, die Sie lange aufbewahren können.

Pfefferkuchen

3 Glas Weizen- oder Buchweizenmehl, oder gemischt,
1 Glas brauner Zucker,
1 TL doppeltkohlensaures Natron,
1 Glas Milch,
3 EL Honig,
Gewürze nach Belieben: Anissamen, Koriander oder Ingwer (gemahlen) etc.

Wir geben hier nicht das Gewicht, sondern das Glas als Maßeinheit an. Je nachdem, wie viele Pfefferkuchen Sie bereiten wollen, sollten Sie ein kleineres oder größeres Glas zum Messen nehmen. Wichtig ist nur, daß die verschiedenen Zutaten im richtigen Verhältnis genommen werden.
In einer Schüssel das Mehl, den Zucker und die Gewürze vermengen. Das doppeltkohlensaure Natron in der Milch auflösen, schluckweise untermischen. Dann den Honig zugeben. Mit einem Holzlöffel rühren, es sollte ein schöner, homogener Teig entstehen. In eine mit Aluminiumfolie ausgelegte Kuchenform füllen und bei schwacher bis mäßiger Hitze ungefähr 1 Stunde backen.

Nußkuchen

500 g Mehl,
250 g Zucker,
250 g Butter,
3 EL Rum,
1 Msp Salz,
1 gute Handvoll Haselnüsse oder Mandeln,
1 gute Handvoll Rosinen

Die Nüsse grob hacken.
In einer großen Schüssel Zucker und Butter cremig rühren, den Rum zugießen, die Rosinen, die Nüsse und zuletzt das Mehl dazugeben. Wenn der Teig glatt ist, in eine gebutterte Kuchenform geben und bei mittlerer Hitze 20 bis 30 Minuten backen.

Dattelschnitten (Kanada)

Der Belag:
500 g entsteinte Datteln,
½ Tasse Farinzucker,
¾ Tasse heißes Wasser,
15 g Butter, Zimt

Die Datteln grob hacken. Alle Zutaten in einen Topf geben und unter Umrühren zum Kochen bringen. Dann die Hitze verringern, so lange weiterrühren, bis die Mischung die Konsistenz einer dicken Creme hat. Abkühlen lassen.

Der Teig.
1 Tasse Weizenmehl,
1½ Tassen Hafermehl oder Haferflocken,
¾ Tasse Butter oder eine Mischung aus Butter und Pflanzenfett,
1 Tasse Farinzucker,
½ Tasse Walnüsse (grob gemahlen)

Die Butter weich werden lassen, alle Zutaten in einer Schüssel vermischen. Es soll eine möglichst homogene Masse von leicht körniger Konsistenz entstehen.
Etwas mehr als die Hälfte des Teiges auf eine gebutterte Form legen, den Belag darauf ausbreiten und mit dem restlichen Teig bedecken. Bei mittlerer Hitze ungefähr 25 Minuten backen.

Bienenstich

Der Belag:

250 g gemahlene Haselnüsse oder Mandeln,
125 g Butter,
200 g Puderzucker,
8 EL Milch,
1 Päckchen Vanillezucker

In einem Topf auf kleiner Flamme die Nüsse, die Butter, den Zucker, den Vanillezucker und die Milch erhitzen. Schmelzen lassen, aber aufpassen, daß die Mischung nicht karamelisiert. Wenn alles gut vermischt und eine weiche Masse entstanden ist, den Topf vom Feuer nehmen und, während der Belag abkühlt, den Teig bereiten.

Der Teig:

400 g Mehl,
250 g Quark,
100 g Puderzucker,
8 EL Öl,
6 EL Milch,
1 Päckchen Vanillezucker,
1 Päckchen und
2 TL Hefe,
Butter

Zuerst das Mehl sieben.
Den Quark, Zucker, Vanillezucker, Öl und Milch in eine Schüssel geben. Alles mit einem Schneebesen vermischen, aber nicht schlagen, sondern nur durchrühren. Vorsichtig das Mehl mit einem Spatel oder Holzlöffel untermischen, dann die Hefe zufügen.
Den Teig in eine gebutterte Form geben, die Oberfläche leicht bemehlen, dann den Belag daraufstreichen.
Bei mittlerer Hitze 20 bis 30 Minuten backen.

Mantecaos (Spanien)

Für etwa 40 Mantecaos:

500 g Weizen- oder Vollweizenmehl,
1 Glas Öl,
1 Glas Zucker,
1 Zitrone,
Vanille- und Zimtpulver

In einer Schüssel zuerst das Öl und den Zucker vermischen, langsam das Mehl zufügen, dann Vanillezucker, den Saft einer halben Zitrone, und das Abgeriebene der ganzen Zitronenschale einmischen. Mit einem Holzlöffel verrühren, der Teig nimmt eine sandartige Konsistenz an.
Daraus kleine Kugeln, etwas größer als Walnüsse, formen, auf ein bemehltes Blech setzen. Den Ofen vorheizen, die Kugeln bei guter Hitze einschieben. Zum Backen die Temperatur drosseln, bei schwacher Hitze 20 bis 30 Minuten im Ofen lassen. Die Mantecaos sind fertig, wenn sie an der Oberfläche etwas aufbrechen. Nimmt man sie vom Blech, sollten sie am Boden eine hellbraune Farbe angenommen haben.
Aus dem Ofen nehmen, ihre Oberfläche mit Zimt bestäuben. Da die Kugeln noch sehr heiß sind, wird der Zimt anhängen und sich schwärzlich verfärben.

Variation:
Für ›Mantecaos auf arabische Art‹ formt man noch etwas größere Kugeln und gibt vor dem Backen eine Gewürznelke in ihre Mitte.

Zuckerkuchen

Mürbeteig, aus 250 g Mehl bereitet,
200 g Farinzucker,
1 Glas Milch (nach Belieben)
50 g Butter,
Zimtpulver

Den Teig in einer Kuchenform ausbreiten, mit einer Gabel einstechen und bei mittlerer Hitze 15 Minuten backen lassen. Aus dem Ofen nehmen und den Zucker daraufstreuen. Mit Zimt bestäuben und Butterflöckchen daraufsetzen. Sie können auch ein wenig Milch zugießen. Wieder in den Ofen schieben und bei guter Hitze in 30 Minuten fertigbacken.

Variationen über Madeleines

Kartoffeln

4 große Madeleines,
150 g Zucker,
125 g gemahlene Mandeln,
1 TL Kirsch,
2–3 EL Crème fraîche
oder Petits Suisses,
5 EL Kakao,
einige Pinienkerne

Die Madeleines (Magdalenenkuchen, kleine Biskuitküchlein) völlig zerkrümeln. In einer Schüssel mit Zucker und gemahlenen Mandeln vermischen, alles mit Kirsch und Crème fraîche binden.
Wenn der Teig glatt ist, kleine Portionen abnehmen und ihnen die Form von kleinen Kartoffeln geben. Im Kakao wälzen und mit Pinienkernen bestecken, die die Keime darstellen sollen . . .

Madeleines mit Zitrone

6 große Madeleines,
150 g Zucker,
3 schöne Zitronen

Die Madeleines in einer Schüssel zerkrümeln. Den Zitronensaft zufügen, einige Minuten einweichen lassen, dabei gelegentlich umrühren, dann den Zucker einarbeiten. Dieser Nachtisch ist ganz einfach und schnell zubereitet und schmeckt allen, die Extreme lieben: die Süße des Zuckers, die Säure der Zitronen . . .

Mandelfüllung

125 g gemahlene Mandeln,
125 g Puderzucker,
1 EL Kirsch,
1 EL Reisflocken,
1 EL heißes Wasser

Die gemahlenen Mandeln und den Zucker in einer Schüssel vermischen. Die in Wasser aufgelösten Reisflocken und den Kirsch zufügen, die Mischung damit binden.
Verkneten, um einen homogenen Teig zu erhalten. Er sollte elastisch, aber nicht weich sein, und nicht zerfallen. Eine Kugel formen, in Alufolie gewickelt beiseite stellen oder sofort verwenden.

Gazellenhörnchen (Algerien)

Mandelteig:
1 kg geschälte, gehackte Mandeln oder gemahlene Mandeln,
500 g Zucker,
75 g Butter,
Orangenblütenwasser

Die Zutaten in einer großen Schüssel gut vermischen. Daraus eine feste Kugel formen, mit Orangenblütenwasser aromatisieren.

Der Teig:
500 g Mehl,
50 g zerlassene Butter,
Wasser

Das Mehl in eine Schüssel sieben, in der Mitte eine Vertiefung machen, die zerlassene Butter hineingießen. So viel Wasser zugießen, bis die Mischung die Festigkeit von Brotteig erhält. 20 Minuten kräftig verkneten, dann ruhen lassen. Den Teig erst auswellen, dann von Hand ausziehen, er soll möglichst dünn sein.
Aus etwas Mandelteig ein Würstchen formen, mit einem Stück Teig umhüllen und zu einem Croissant biegen. Wenn aller Teig aufgebraucht ist, die ›Gazellenhörnchen‹ auf ein gebuttertes Backblech setzen und im Ofen bei mittlerer Hitze hellgoldbraun backen.
Nach Belieben kann man die noch heißen Gazellenhörnchen in Orangenblütenwasser tauchen und dann mit Puderzucker bestreuen.

Apfelschnitten (Kanada)

Der Belag:
6 große oder 12 kleine Äpfel,
50 g Butter, Zimt
Zucker (nach Belieben, je nach Säuregehalt der Äpfel)

Die Äpfel schälen, in Viertel schneiden, Kerne und Kernhaus entfernen, die Viertel bei ganz schwacher Hitze in geschmolzener Butter kochen lassen. Zimt und Zucker, wenn nötig, zufügen. Nicht zu lange kochen lassen.
Den Belag zwischen zwei Teigschichten (wie im Rezept ›Dattelschnitten‹ zubereitet) ausbreiten. Bei mittlerer Hitze ungefähr 40 Minuten backen.

Kokosnußkonfitüre (Martinique)

Rezept Nr. 1:
1 Kokosnuß
für den Sirup:
1 Glas Wasser auf
2 Gläser Zucker,
Vanille

Die Kokosnuß öffnen, das weiße Fleisch raspeln.
Aus Zucker, Wasser und Vanille einen Sirup bereiten. Wenn er fertig ist, die Kokosraspeln zufügen und auf kleiner Flamme eine halbe Stunde kochen lassen. Dabei gelegentlich umrühren.

Rezept Nr. 2:
1 Kokosnuß,
2–3 Gläser Wasser (je nach Größe der Kokosnuß),
2–3 Gläser Puderzucker

Die Kokosnuß mit Hilfe eines Hammers öffnen, die Flüssigkeit – die Kokosmilch – trinken. Das weiße, eßbare Fleisch mit einem Messer herausschaben, die Stücke raspeln.
Die Kokosraspeln mit kaltem Wasser und Zucker aufsetzen, auf kleiner Flamme kochen lassen, dabei gelegentlich umrühren. Aufpassen, daß die Kokosnuß nicht karamelisiert. Wenn die Mischung gar ist, hat sie eine weißgoldene Farbe.

Pistazienfüllung

125 g geschälte Pistazien,
125 g Puderzucker,
1 EL Reisflocken,
1 EL heißes Wasser

Die Pistazien fein mahlen. Mit dem Zucker vermischen. Die in Wasser aufgelösten Reisflocken zufügen und wie im Rezept ›Mandelfüllung‹ beschrieben weitermachen. Da die Pistazien selbst sehr aromatisch sind, kann man auf den Kirsch verzichten.

Cashewnußfüllung

Wie ›Pistazienfüllung‹ bereiten. Die Cashewnüsse fein zerstoßen oder mahlen.

Die Botschaft ›sandesh‹ (Bengalen)

Für 15 Quadrate von 3×3 cm:

1 l Vorzugsmilch,
100 g Zucker,
½ Zitrone,
1 TL Kardamom, gemahlen (statt dessen auch Vanille oder Orangenblütenwasser)

Die Milch gerinnen lassen: Kurz bevor sie kocht, den Saft der halben Zitrone zugießen. Sofort vom Feuer nehmen und die geronnene Milch durch ein doppelt gelegtes Mulltuch oder ein sehr feines Sieb abtropfen lassen. (Aus der Molke ein Getränk bereiten.)

Wenn sie gut abgetropft ist – ungefähr nach ½ Stunde –, die geronnene Milch in eine Schüssel geben und mit einem Holzlöffel verrühren, bis die Mischung schön glatt ist, dann den Zucker zufügen. In einem emaillierten Topf auf ganz kleiner Flamme erhitzen, dabei ständig umrühren. Sie wird zunächst flüssig, nimmt dann allmählich die Konsistenz von dicker Creme an und löst sich zum Schluß leicht vom Topf. Nun das Kardamom – oder ein Aroma Ihrer Wahl – zufügen, gut vermengen. Vom Feuer nehmen, aber noch einige Minuten weiterrühren. Auf eine gebutterte Form (ungefähr 20×20 cm) geben. Sobald die Masse abgekühlt ist, in Vierecke oder Rauten schneiden und vorsichtig aus der Form nehmen.

›Versteckte Liebe‹ (Martinique)

Hierbei handelt es sich um knusprige kleine Teigtaschen mit Kokosnuß . . .

Für ca. 20 Teigtaschen:

500 g Mehl,
250 g Butter,
2 Gläser Puderzucker,
1 Kokosnuß,
Zimt, Vanille,
Salz

Butter und Mehl gut vermischen: Butter in Flöckchen schneiden, das Mehl einarbeiten, 2 Messerspitzen Salz und ein wenig Wasser zugeben. Den Teig gut verkneten, eine große Kugel formen und diese 25 bis 30 Minuten ruhen lassen. (In der Zwischenzeit eine Kokosnußkonfitüre nach dem auf Seite 205 angeführten Rezept bereiten.)
Die Teigkugel nehmen, auswellen und in drei Lagen zusammenfalten. Von neuem auswellen. Zweimal wiederholen. Zum Schluß den Teig auswellen und mit Hilfe einer großen Tasse Kreise mit 8 bis 10 cm Durchmesser ausstechen.
Auf jeden Kreis einen Eßlöffel Kokosnußkonfitüre setzen. Einen Halbkreis über den anderen klappen, so daß eine Teigtasche entsteht. An den Rändern gut zusammendrücken. Die Teigtaschen auf ein gebuttertes Backblech setzen und im Ofen bei mittlerer Hitze 20 bis 30 Minuten backen. Sie sollten eine schöne goldene Farbe haben.

Kokoshäufchen (Martinique)

1 mittelgroße Kokosnuß,
500 g Zucker,
3 dl Wasser,
Vanille- und Zimtpulver

Das Kokosnußfleisch in ganz kleine Würfel oder in streichholzdünne Streifchen schneiden.
Das Wasser mit dem Zucker zum Kochen bringen. Vanille und Zimt zufügen. 10 Minuten kochen lassen, dann die Kokosnuß hineingeben und 45 Minuten bis 1 Stunde kochen lassen. Ein Backblech einölen, von der Zubereitung mit Teelöffeln kleine Häufchen abnehmen und daraufsetzen. Sie werden beim Abkühlen fest.

Kokosnußhäppchen (Indien)

500 g frische Kokosraspel,
750 g Zucker,
½ l Milch,
6 EL zerlassene Butter,
1 TL Kardamom (gemahlen)
oder 8 Kardamomkapseln,
im Mörser zerstoßen,
½ TL geriebene Muskatnuß
oder Vanille

Die Kokosraspeln, mit dem Zucker vermischt, ungefähr 10 Minuten in einem Topf trockenrösten, dabei dauernd umrühren, damit nichts anbrennt oder anhängt.
Langsam die Milch zugießen, 30 bis 45 Minuten kochen lassen, bis die Mischung homogen und dick ist. Dann die zerlassene Butter, Kardamom, Muskat oder Vanille zufügen. Wenn die Creme dick und schaumig ist, vom Feuer nehmen und auf eine gebutterte Form gießen. Abkühlen lassen und in Quadrate oder Rauten schneiden. Diese Leckerbissen halten sich mehrere Tage frisch.

Getrocknete Früchte mit Mandelfüllung

Eine Schüssel Mandelfüllung nach dem auf Seite 203 stehenden Rezept bereiten. Diese Menge reicht aus, um damit etwa 60 getrocknete Früchte zu füllen: Datteln, Backpflaumen, Kirschen, kandierte Apfelsinenschalen oder Nüsse, ganz nach Belieben.
Die Datteln und Backpflaumen der Länge nach teilen, den Stein entfernen, an seine Stelle Mandelfüllung geben. Für Nüsse aus der Füllung eine Kugel formen und die Nuß hineindrücken oder die Füllung zwischen zwei Nußhälften streichen.
Zur Abwechslung geben Sie etwas Nescafé an die Füllung für die Nüsse.
Nach Belieben können Sie die so gefüllten Früchte auch noch in Puderzucker oder Karamel wälzen.

Variation:
Nehmen Sie statt Mandelfüllung einmal Pistazien- oder Cashewnußfüllung. Sie schmecken ebenfalls sehr delikat. Die Rezepte finden Sie auf der Seite 205.

Schokoladenstückchen mit Cashewnüssen

Für ca. 50 Quadrate von 3×3 cm:

1 Dose gesüßte Kondensmilch (397 g),
100 g Butter,
100 g nicht gesalzene Cashew- oder Haselnüsse,
100 g Rosinen,
4 EL Zucker,
5 TL Kakao oder Schokoladenpulver,
Saft von ½ Zitrone

Die in kleine Stückchen geschnittenen Cashewnüsse in wenig Butter goldbraun werden lassen. In einem anderen Topf die Rosinen – ebenfalls in wenig Butter – andünsten. Sobald sie sich vollgesogen haben und sie prall sind, vom Feuer nehmen. Cashewnüsse und Rosinen in einer Schüssel beiseite stellen.

Die Milch mit der Butter und dem Zucker in einer Kasserolle auf kleiner Flamme zum Kochen bringen, dabei ständig umrühren. Sobald die Mischung andickt, das Schokoladenpulver, dann den Zitronensaft und zum Schluß die Rosinen und die Cashewnüsse untermischen, so lange weiterrühren, bis die Creme dick ist und sich leicht vom Topf löst.

Vom Feuer nehmen, noch einige Sekunden kräftig rühren, dann in eine gebutterte Pyrex- oder Metallform von ungefähr 20×20 cm Größe geben. Wenn die Masse abgekühlt ist, vorsichtig in Rechtecke, Vierecke oder Rauten schneiden. Vor dem Servieren von der Form lösen.

Diese ›Schokoladenstückchen‹ kann man über eine Woche lang aufbewahren.

Erdnußbruch (Togo)

500 g geröstete Erdnüsse,
500 g Zucker,
1 Zitrone

Aus Zucker und Wasser (ungefähr ¼ der Zuckermenge) einen Karamel bereiten. Mit Zitronensaft aromatisieren. Sobald der Karamel eine schöne goldene Farbe hat, die Erdnüsse zufügen, dann die Mischung auf ein leicht gebuttertes Backblech geben. Sobald der Karamel hart wird, in Vierecke oder Rechtecke schneiden oder von Hand schnell Kugeln daraus formen.

Variation:
Nehmen Sie statt Erdnüssen einmal frische Kokosnuß: Sie müssen dazu nur das Fleisch in streichholzdünne Stäbchen schneiden.

›Besan ke laddou‹ (Indien)

Für ca. 60 Kugeln:

200 g Butter,
120 g Kichererbsenmehl,
1,6 dl Milch,
400 g Farinzucker,
1–2 TL Kardamom, gemahlen oder frisch zerstoßen

Nach Belieben:
50 g gemahlene Mandeln,
2 TL Orangenblütenwasser,
Vanille

In einem Topf die Butter rauchheiß werden lassen. Das Mehl darin anrösten, umrühren wie für eine Béchamelsauce. Wenn das Mehl die ganze Butter aufgesogen hat und leicht angeröstet riecht, die Milch tropfenweise zufügen, bis die Mischung dick wird.
Vom Feuer nehmen und sogleich unter ständigem Umrühren den Zucker, das Kardamom, die zuvor in etwas Butter angerösteten, gemahlenen Mandeln, eine Messerspitze Vanille und das Orangenblütenwasser zufügen. Warten, bis die Masse abgekühlt und fest ist, dann von Hand daraus pflaumengroße Kugeln formen. Wenn die Masse zu weich ist und am Handballen klebt, müssen Sie sich noch ein, zwei Tage gedulden, sie wird fester werden. Sie können die ›Laddou‹ auf jeden Fall eine gute Woche lang aufbewahren.

Wie macht man . . .?

Vollkornbrot

Biologisches Vollkornmehl, *Salz*

Zubereitung des Sauerteigs:
Es ist ein schwieriges Unterfangen. Wenn es beim erstenmal nicht glückt, nicht den Mut verlieren, sondern von vorne beginnen.
In einer sehr sauberen Schüssel etwas Vollkornmehl und Salz in lauwarmem Wasser auflösen, es soll ein weicher Teig entstehen. Bedecken und die Schüssel an einem warmen Ort abstellen, notfalls in ein dickes Tuch einpacken. Nach 1½ Tagen die Zubereitung erneut in etwas Mehl, Salz und lauwarmem Wasser auflösen. Noch 1 Tag ruhen lassen, dann dasselbe wiederholen. Der Sauerteig ist fertig, wenn der Teig aufgegangen ist, im Inneren viele Löcher hat und einen leicht säuerlichen Geruch verbreitet.
Diese Zubereitung ist nur ein einziges Mal nötig. Nachdem man das Brot verknetet hat, stellt man in einer Schüssel etwas Teig zur Seite, er wird das nächstemal als Sauerteig gebraucht. Die Schüssel nicht zugedeckt oben auf einem Schrank aufbewahren. Dabei wird sich an der Oberfläche des Teiges eine Kruste bilden. Für das nächste Brot den weichen Teig unter der Kruste verwenden.

Anmerkung:
Sauerteig hält sich 8 bis 14 Tage. Niemals im Kühlschrank aufbewahren.

Zubereitung des Brotes:
Pro 1,5 kg Mehl
ca. 1 l lauwarmes Wasser,
1 gestrichener EL Salz,
1 Schüssel Sauerteig

In einer großen Schüssel das Mehl, Salz, den zuvor in einem Teil des Wassers aufgelösten Sauerteig und das restliche Wasser vermengen.
Achtung: Das Wasser vorsichtig zugießen. Es ist besser, nachgießen zu müssen, als von Anfang an zuviel zu haben. Den Teig 15 bis 20 Minuten verkneten, dann 15 Minuten ruhen lassen.

Ein Backblech ölen bzw. mehrere, je nach Größe und Form. Ein wenig Teig als zukünftigen Sauerteig beiseite stellen. Den restlichen Teig in Mehl ausrollen und auf ein oder mehrere Bleche verteilen. Sie dürfen nur bis zur Hälfte gefüllt sein. Mit sauberen Tüchern bedecken, dann einen Teppich oder eine Daunendecke darüberlegen, um eine gleichbleibende Temperatur zu erhalten. Je nach Wärme den Teig 7 bis 8 Stunden gehen lassen. Nach den ersten Versuchen wissen Sie aus Erfahrung, wie lange es dauert. Ist das Brot nicht lange genug gegangen, wird es zu fest. Ist es zuviel gegangen, schmeckt es leicht säuerlich. Drücken Sie mit dem Daumen auf den Teig: Wenn er die dünne Kruste durchbohrt, ist das Brot zu lange gegangen. Wenn er den Teig zusammendrückt, ohne daß dieser wieder hochgeht, dann ist er nicht lange genug gegangen. Der Teig ist genau richtig, wenn die Vertiefung, die Ihr Daumen verursacht hat, nach dem Herausziehen des Daumens von alleine verschwindet. Das Brot im gut heißen Ofen (ungefähr 230° C) 45 Minuten bis 1 Stunde backen.

Pfannkuchen aus Weizenmehl

Für 1 Dutzend Pfannkuchen:

250 g Weizen- oder Vollweizenmehl,
½ l Milch oder
¼ l Milch und ¼ l Wasser,
1–2 EL Öl,
1 EL Edelhefe in Flockenform,
Salz

Das Mehl und eine gute Messerspitze Salz in einer Schüssel vermischen. In die Mitte eine Vertiefung machen, das Öl hineingießen. Die Flüssigkeit in kleinen Mengen zugeben, mit einem Holzlöffel einrühren. Wenn der Teig schön homogen ist, die Hefe zufügen. Alles gut vermengen und 1 Stunde ruhen lassen.
Je nachdem, was Sie mit Ihren Pfannkuchen anfangen wollen, können Sie sie mit etwas Zimt, geriebener Muskatnuß, Vanille, abgeriebener Orangen- oder Zitronenschale, Kirsch etc. aromatisieren.
Anmerkung:
Vegetarier, die Eier essen, können den Pfannkuchenteig mit einem oder mehreren Eiern zubereiten. Das Resultat ist – ähnlich wie bei Ausbackteig – auf jeden Fall besser.

Mürbeteig

250 g Mehl (Vollkorn nach Belieben),
125 g Butter,
½ Glas lauwarmes Wasser,
Salz

Das Mehl in eine Schüssel sieben. In der Mitte eine Vertiefung machen, eine Messerspitze Salz und die in kleine Stücke geschnittene Butter zufügen. Mit den Fingerspitzen vorsichtig verkneten, das Wasser in kleinen Mengen zugießen. So wenig wie möglich kneten. Sobald die Masse gerade zusammenhält, eine Kugel formen. Man kann sie gleich weiterverarbeiten. Aber es ist besser, sie 1 Stunde in einer Schüssel, mit einem Tuch bedeckt, ruhen zu lassen.

Currypulver für vegetarische Gerichte

Dieses Currypulver wurde speziell für die Verwendung in der vegetarischen Küche komponiert. Es gibt Reis, Gemüsen etc. ein ganz besonderes Aroma.

150 g getrocknete rote Chilischoten,
125 g Korianderkörner,
20 g schwarzer Pfeffer (ganz),
20 g Kümmel (ganz),
20 g Bockshornkleesamen,
20 g Senfkörner,
ein kleines Bund Curryblätter

Jedes Gewürz – mit Ausnahme der Curryblätter (wenn Sie diese nirgendwo kaufen können, bereiten Sie die Mischung einfach ohne sie zu) – extra in einer Pfanne trocken anrösten. Die Senf- und die Kümmelkörner müssen aufplatzen, die Bockshornkleesamen nehmen eine helle, rotbraune Farbe an (nicht dunkelbraun werden lassen, sie schmecken sonst garantiert verbrannt). Mit den Chilischoten eventuell 1 TL Öl in die Pfanne geben, gut heiß werden lassen.
Alle Gewürze in einer elektrischen Kaffeemühle mahlen, um ein möglichst feines Pulver zu erhalten. Falls Sie einen Mörser aus Stein besitzen, zerstoßen Sie darin die Gewürze, Ihr Curry wird noch besser schmecken.
Gut vermischen und das Currypulver in einem Glasgefäß oder in einer Metalldose trocken aufbewahren. Es bleibt mindestens 6 Monate lang frisch.

Ausbackteig

250 g Mehl,
4 dl Wasser,
1 EL Mandelpüree oder Öl,
5 EL Edelhefe in Trockenform,
Salz

Das Mandelpüree in lauwarmem Wasser verdünnen. Das Mehl in eine Schüssel geben, eine gute Messerspitze Salz zufügen, in der Mitte des Mehls eine Vertiefung machen. Das mit Wasser verdünnte Mandelpüree in kleinen Mengen zugießen und mit einem Holzlöffel einmischen. Sobald ein homogener Teig entstanden ist, die Hefe hineingeben, gut vermengen und vor der Verwendung möglichst 1 Stunde ruhen lassen.

Anmerkung:
Es ist sehr schwierig, ohne Eier einen zufriedenstellenden Ausbackteig herzustellen. Vegetarier, die Eier essen, sollten sich deshalb besser an das klassische Rezept mit 1 Eiweiß halten, das sich in jedem Kochbuch findet.

Butter

Sie brauchen Vorzugsmilch – am besten frisch vom Bauer – in großen Mengen. Eine ganze Nacht ruhen lassen, am Morgen den Rahm, der sich an der Oberfläche gesammelt hat, abschöpfen. Diesen Rahm 4 oder 5 Tage stehen lassen, bis er gerinnt: Dabei entsteht Molke, und auf dem Rahm bilden sich gelbe Flecken. Den Rahm in eine Schüssel geben und mit einem Elektromixer so lange schlagen, bis er zu Butter wird: Der feste gelbe Teil trennt sich von der Molke. Danach muß man die Butter waschen: Mit kaltem Wasser bedecken und mit einem Holzlöffel so lange bearbeiten, bis sie vollkommen abgespült ist. Die Butter kann nun verzehrt werden.
Butter selbst herstellen lohnt sich nur, wenn man viel Milch kauft. Als Richtlinie: Man braucht den Rahm von 20 Litern Milch, um ein Schüsselchen Butter zu bereiten . . .
Wenn Sie keinen Mixer besitzen, können Sie den Rahm mit einem soliden Schneebesen bearbeiten. Für größere Mengen empfiehlt es sich, das richtige Arbeitsgerät zu kaufen.

Nudeln ohne Eier

600 g Weizenmehl,
¼ l kaltes Wasser,
1 TL Salz

Das Mehl im Wasser auflösen: Zuerst das Mehl auf ein Backbrett oder eine saubere Arbeitsfläche sieben, dann in der Mitte eine Vertiefung machen und das Wasser in kleinen Mengen hineingießen. Den Teig von Hand verkneten, um eine homogene Masse zu erhalten.

Den Teig, mit einem Tuch bedeckt, ungefähr ½ Stunde stehen lassen.

Den Teig mit einem Wellholz ausrollen, er sollte etwa 2 mm dick sein. In etwa 1 cm breite Streifen schneiden.

Mit Mehl bestäuben und die Nudeln über einem Holzstiel in 4 bis 5 Stunden trocknen lassen (ein sauberer Besenstiel erfüllt diese Aufgabe vorzüglich).

Die Nudeln können dann verwendet werden: In Salzwasser etwa 10 Minuten kochen, abtropfen lassen und mit Gewürzen oder einer Sauce nach Wahl aromatisieren.

Man kann aber auch den Teig am Stück trocknen und die Nudeln erst kurz vor der Verwendung abschneiden.

Die so hergestellten Nudeln lassen sich auch aufbewahren. In Streifen schneiden und in der Sonne oder vor dem Ofen so lange trocknen lassen, bis sie hart sind. Dann in einem dicht schließenden Gefäß aufbewahren (Blechdose, Glasgefäß mit Deckel oder Tupperware).

Variation:

Auf dieselbe Weise kann man auch Nudeln aus Buchweizen- oder Sojamehl (oder aus einer Mischung von beiden) herstellen.

Sandteig

250 g Mehl
(weißes oder Vollkornmehl),
100 g Butter,
100 g Puderzucker,
Salz,
2 EL Milch (nach Belieben)

In einer Schüssel Mehl, Puderzucker und eine Messerspitze Salz vermischen. Die weiche (aber nicht zerlassene) Butter allmählich einarbeiten, dann, wenn gewünscht, die Milch. Den Teig mit einem Spatel oder Holzlöffel bearbeiten. Sobald er homogen ist, von Hand zu einer Kugel verkneten. Die Arbeitsfläche oder das Backbrett bemehlen, den Teig auswellen und die Form damit auslegen. Man kann diesen Teig sofort verwenden oder – noch besser – erst eine Stunde ruhen lassen.

Anmerkung:
Denken Sie daran, den Teig je nach Verwendungszweck zu aromatisieren: mit Vanille oder Zimt (für Äpfel, Birnen etc.), abgeriebener Zitronen- oder Orangenschale etc. Statt Butter können Sie Margarine verwenden oder auch eine Hälfte Butter und eine Hälfte Öl.

Kuchenteig

Für 1 Kuchen von ca. 30 cm Durchmesser:

250 g Mehl,
125 g Butter oder Pflanfett und 2 Petits Suisses oder 100 g Butter und 3 Petits Suisses,
1 EL lauwarmes Wasser,
1 Msp Salz

Für einen süßen Kuchen:
1–2 EL Puderzucker

In einer Schüssel Mehl, Salz und Puderzucker, wenn es sich um einen süßen Kuchen handelt, vermischen. Die weiche (nicht zerlassene!), in kleine Stücke geschnittene Butter und die Petits Suisses zufügen, alles mit den Fingerspitzen vorsichtig verkneten. Sobald ein homogener Teig entstanden ist, der sich von der Schüssel löst, zu einer Kugel formen und 1 Stunde ruhen lassen.
Wenn Sie es sehr eilig haben, können Sie den Teig auch sofort verwenden.

Pfannkuchen aus Weizen- und Sojamehl

125 g Weizenmehl,
2 EL Sojamehl (30–40 g),
1 EL Öl,
¼ l Wasser, Salz

Die beiden Mehlsorten in einer Schüssel mit einer guten Prise Salz vermischen. Wasser und Öl in kleinen Mengen dazugießen, der Teig soll glatt und ziemlich dünnflüssig sein. Vor dem Weiterverwenden 1 Stunde ruhen lassen.

Pfannkuchen aus Buchweizenmehl

Für 1 Dutzend Pfannkuchen:

250 g Buchweizenmehl,
125 g Weizenmehl,
¼ l Milch,
Salz

Die beiden Mehlsorten in einer Schüssel vermischen. Eine gute Prise Salz zufügen. In kleinen Mengen die Milch zugießen, die zuvor mit ½ l Wasser verdünnt wurde. Mit einem Holzlöffel einrühren. Die Flüssigkeit nur allmählich zugießen, denn je nach Qualität des Mehls brauchen Sie mehr oder weniger.
Wer mag, kann auf die Milch ganz verzichten und die Pfannkuchen nur mit Wasser zubereiten (ungefähr ¾ l).
Wenn der Teig die gewünschte Konsistenz hat – etwas dicker als ›Pfannkuchen aus Weizenmehl‹ –, vor der Weiterverwendung 1 Stunde ruhen lassen.

Apfelweinessig

Wenn immer Sie etwas mit Äpfeln zubereiten (Kompotte, Kuchen etc.), nehmen Sie Schale, Kernhaus, Stiel und Kerne und geben Sie diese in einen Topf aus Steingut oder Glas. Sobald das Gefäß voll ist, die Apfelabfälle mit Wasser begießen, einen Deckel auflegen (aber nicht hermetisch abschließen: damit Luft daran kann) und . . . abwarten.
Nach 1 Woche bis 10 Tagen bildet sich an der Oberfläche eine dünne, runzelige weiße Haut: Das ist die Essigmutter. Geben Sie davon ein wenig in eine Flasche Apfelwein (Cidre), er wird sich innerhalb weniger Tage in Essig verwandeln.
Gießen Sie den Topfinhalt durch ein Sieb ab, das Wasser hat sich ebenfalls in Essig verwandelt.

Molke und ›Panir‹

1 l Milch,
½ Zitrone,
Mulltuch

Die Milch erhitzen. Sobald sie kocht, den Saft von ½ Zitrone in kleinen Mengen zugießen, dabei ständig mit einem Holzlöffel umrühren. Sobald die Milch gerinnt, keinen Zitronensaft mehr zufügen, den Topf vom Feuer nehmen.
Das Mulltuch, doppelt gefaltet, in ein feines Sieb legen, die Milch durch Mulltuch und Sieb in eine Schüssel gießen. Die Molke nicht wegschütten, sie können aus ihr ein gutes Getränk bereiten. Sobald die ganze Flüssigkeit abgelaufen ist, die Ecken des Mulltuchs, das die geronnene Milch enthält, verknoten, über einen Topf oder über die Spüle hängen. Auf diese Weise eine gute halbe Stunde abtropfen lassen.
Zum Schluß mit einem Gewicht beschweren, damit auch der letzte Rest Flüssigkeit austritt: So erhalten Sie einen Weißkäse, den man in Indien unter der Bezeichnung ›Panir‹ kennt und der in einer ganzen Anzahl von Gerichten Verwendung findet.

Joghurt

1 l Vorzugsmilch, *1 Becher Naturjoghurt*

Kaufen Sie stets möglichst natürliche Produkte. Lassen Sie entrahmte Milch oder H-Milch und Magerjoghurt stehen.
Den Inhalt eines Bechers Joghurt in eine Schüssel geben. Mit einem Löffel glattrühren, damit eine homogene Masse entsteht. Die Milch erhitzen. Sobald sie kocht, vom Feuer nehmen und abkühlen lassen. Von Zeit zu Zeit ihre Temperatur überprüfen: Dazu den kleinen Finger in die Milch tauchen. Fühlt sich die Milch noch heiß, aber nicht mehr kochend an (zwischen 40° C und 45° C), ein wenig davon in die Schüssel gießen. Den Joghurt darin auflösen, dann die restliche Milch zugießen. Ständig umrühren, damit der Joghurt sich nicht am Boden absetzt. Die Schüssel mit einem Teller bedecken und an einem mäßig warmen Ort stehen lassen. Am nächsten Tag ist Ihr Joghurt fertig. Sie können ihn eine Woche im Kühlschrank aufbewahren, aber er schmeckt besser, wenn Sie ihn ganz frisch verzehren.

Anmerkung:
Vergessen Sie nicht, 1 bis 2 EL Ihres ›hausgemachten‹ Joghurts für die nächste Party beiseite zu stellen. Nach dem zehntenmal sollten Sie allerdings wieder mit einem im Laden gekauften Joghurt von vorne anfangen.
Gewöhnlich dauert es 8 bis 10 Stunden, bis der Joghurt fertig ist. Doch die Qualität der Milch und die Raumtemperatur spielen dabei eine wichtige Rolle. Im Sommer, vor allem bei Gewitter, geht es sehr schnell. Im Winter hilft es, die Schüssel in die Nähe einer Heizung zu stellen (niemals darauf!).
Stellen Sie den Joghurt, der sich gerade entwickelt, niemals in Zugluft!

Käse

Wie für Butter braucht man auch dazu Vorzugsmilch, möglichst direkt vom Bauernhof.
2 oder 3 l Milch gerinnen lassen. Nehmen Sie dazu Lab aus der Apotheke, und verwenden Sie es nach Gebrauchsanweisung. Die geronnene Milch in Schüsselchen mit kleinen Löchern am Boden (eventuell auch in sauberen Blumentöpfen) 3 oder 4 Tage abtropfen lassen. Wenn die Molke zum größten Teil abgetropft ist, die Weißkäse aus den Gefäßen nehmen. Sehr leicht salzen und nach Belieben mit frisch gemahlenem Pfeffer, Knoblauch, Kräutern etc. würzen.
Die Käse auf eine Lage Stroh oder getrocknete Kräuter setzen, eine Käseglocke aus Fliegendraht herstellen und über die Käse stülpen, um Insekten fernzuhalten. Auf diese Weise 14 Tage bis 3 Wochen trocknen lassen, täglich einmal umdrehen und sehr schwach salzen. Je nach der Temperatur oder Feuchtigkeit des Ortes, wo Sie die Käse aufbewahren, erhalten Sie entweder eine weiche Masse, die etwas an Camembert erinnert, oder auch einen ganz kleinen und sehr trockenen Käse . . .
Zuerst wird jeder Versuch in einer Überraschung enden, aber mit etwas Übung wissen Sie bald, an welchem Ort und wie viele Tage Sie Ihren Käse ›arbeiten‹ lassen müssen, um die gewünschte Konsistenz zu erhalten. Wenn Ihnen das Ganze mühsam erscheint, täuschen Sie sich, es ist sehr leicht. Das Ergebnis, zum Teil nicht beabsichtigt, schmeckt häufig delikat . . . und wieviel Spaß macht es doch, einen Käse zu verzehren, den man selbst hergestellt hat!

Anmerkung:
Wer Lab, das ja tierischen Ursprungs ist, nicht benutzen mag, kann die Milch auf folgende Art gerinnen lassen: Das Heu einer Artischocke in ungesalzenem Wasser aufkochen, darin über Nacht ziehen lassen. Nehmen Sie pro Liter Milch 1 Kaffeelöffel von dieser Flüssigkeit.

Kokosmilch

Rezept Nr. 1:
1 Kokosnuß

Die Kokosnuß öffnen, das eßbare Samenfleisch mit einem Messer herauskratzen, in eine Schüssel raspeln und mit 2 Tassen kochendem Wasser übergießen. Sobald das Wasser soweit abgekühlt ist, daß Sie hineinfassen können, die Kokosraspeln zwischen den Handballen reiben, dann alles durch ein Sieb passieren. Die Kokosraspeln mit den Händen fest gegen das Sieb drücken, um möglichst alle Flüssigkeit herauszupressen. Normalerweise ergibt das etwa 3 Tassen Kokosmilch.
Sie können den ganzen Vorgang noch einmal wiederholen: Gießen Sie auf das ausgedrückte Fruchtfleisch 1 Tasse kochendes Wasser. Die Milch, die Sie dieses Mal erhalten, ist flüssiger und weniger kräftig.

Rezept Nr. 2:
5 EL getrocknete Kokosraspeln

Wenn Ihnen gerade keine frische Kokosnuß zur Verfügung steht, bereiten Sie die Kokosmilch auf folgende Art: 1 Tasse kochendes Wasser auf die getrockneten Kokosraspeln gießen und mindestens 1 Stunde einweichen lassen. Durch ein Sieb passieren, die Raspeln mit den Händen gegen das Sieb drücken, um möglichst viel Kokosnußaroma zu erhalten.
Kokosmilch gehört zu vielen indischen Gerichten, vor allem zu Reis und Gemüsecurry.

Garam Masala

›Garam Masala‹ oder ›scharfes Gewürz‹ gehört zu vielen indischen Gerichten. Man kann diese Gewürzmischung leicht selbst herstellen – am besten in größerer Menge, um immer einen Vorrat davon zu haben.

Hier ein Beispiel:

100 g Korianderkörner,
100 g Kreuzkümmel (ganz),
50 g Zimtstangen,
50 g Kardamomkapseln,
50 g Pfefferkörner,
25 g Gewürznelken

Die Kardamomkapseln öffnen, nur die Samen verwenden. Alle Gewürze in einer Pfanne oder im Ofen trockenrösten. In einer elektrischen Kaffeemühle mahlen. Das Pulver in einer dicht schließenden Metalldose oder in einem Glasgefäß aufbewahren.
Wenn es Ihnen zu kompliziert erscheint, die Gewürze erst zu mahlen, kaufen Sie sie einfach schon pulverisiert. Natürlich können Sie weniger nehmen, aber achten Sie darauf, daß das Verhältnis zwischen den einzelnen Gewürzen gewahrt bleibt. Mit etwas mehr Erfahrung können Sie auch Ihre ganz persönliche Mischung herstellen, indem Sie zum Beispiel einige Gewürze weglassen oder andere hinzufügen.

Ein anderes Beispiel:

50 g Gewürznelken,
50 g Koriander,
50 g Muskatnuß,
100 g Kreuzkümmel oder Kümmel,
100 g Zimt,
50 g Ingwer (nach Belieben)

Wie im ersten Beispiel können Sie auch hier die Gewürze in Pulverform kaufen oder sie selbst mahlen. Wenn Sie keinen Ingwer nehmen, geben Sie etwas Pfeffer in die Mischung.

Register, nach Kapiteln geordnet

Gewürze
Anis 17
Asafoetida 18
Bockshornklee 18
Curcuma 18
Curry 19
Curryblätter 20
Dill 20
Fenchel 21
Gewürznelke 21
Glutamat 22
Ingwer 22
Kardamom 23
Koriander 23
Kreuzkümmel 24
Kümmel 24
Mohn 25
Muskat 25
Paprikapulver 26
Paprikaschoten 26
Chilipfeffer 26
Cayennepfeffer 27
Peperoni 27
Pfeffer 27
Safran 28
Schwarzkümmel 29
Senf 29
Soja 30
Tamarinde 30
Wacholder 31
Zimt 31

Saucen
Aïoli 33
Béchamelsauce 34
Bergamottesauce 33
Currysauce 35
Joghurtsauce 36
Koriandersauce 36
Marokkanische Sauce 127
›Mayonnaise‹ ohne Eier 37
Möhrensauce 35
Pipérade 37
Sahnesauce 36
Sauce mit Petit Suisse 36
Sauce nach Art des Sultans 39
Scharfe Tomatensauce 40
›Sojasauce‹ für Rohkost 35
Spaghettisauce 38
Tomatensauce mit Ingwer 40
Tomatensauce mit Möhren und Muskat 39
Tomatensauce mit Rosinen 42
Vinaigrette 41
Vinaigrette mit Knoblauch 41
Vinaigrette mit Kräutern 41
Vinaigrette mit Senf 41
Vinaigrette mit Zitrone 41
Weiße Sauce 34

Pikante Beilagen und Chutneys
Apfelpüree mit Chilischoten 47
Artischocken, mariniert in Olivenöl 43
Bananenchutney 1 48
Bananenchutney 2 49
›Champignons‹ aus Auberginen 45
Chilidatteln 45
Chutney mit Joghurt 52
Essigzwiebeln 47
Königliche Mischung 46
Kokosnußchutney 51
Mangochutney 49
Marinade 46
Melonenchutney 50
Minzechutney 1 51
Minzechutney 2 51
Pikante Auberginen 44
Sesambutter 43
Zwiebelchutney 52

Raitas
Auberginen-Raita 53
Früchte-Raita 54
Gurken-Raita 1 54
Gurken-Raita 2 55
Kartoffel-Raita 56
Möhren-Raita 55
Raita mit Minze und Zwiebeln 55
Tomaten-Raita 56

Rohkost und frische Salate
Apfel-Endivien-Salat 57
Avocado ›Guacamole‹ 57
Bunter Reissalat 64
Chicoréesalat mit Nußkernen 58
Dillgurken 58
Griechischer Salat 59
Grüne Rohkost 60
Grün-roter Salat 60
Gurken mit Minze 59
Jüdischer Salat 61
Kichererbsensalat 61
Krautsalat 62
Mexikanischer Salat 62
Möhren auf marokkanische Art 63
Reissalat mit Oliven 65
Reissalat mit ›zarten Erbsen‹ 63
Roquefortkugeln 67
Rote Bete mit Senfsauce 64
Rote Rohkost 65
Salat mit Sojabohnen und Mais 66
Taboulé 67
Türkischer Salat 66
Waldorfsalat 68

Vorspeisen
Bananenkrapfen mit Ingwer 69
Buletten aus Getreideflocken 71
Bulgurbuletten 70
Champignons auf geröstetem Brot 73
Frühlingsrollen 85
Gebratener Tofu ›age dashi‹ 76
Gemüsebeignets 69
Gnocchi mit Tomatensauce 72
Hirseküchlein 70
Kartoffelkuchen 73
Lauchkuchen 78
Lauchtaschen ›boulauni‹ 74
Maiskroketten 75

Möhrenbeignets 71
Pâté aus Champignons 79
Pfannkuchen mit Champignons gefüllt 77
Pfannkuchen mit Möhren gefüllt 76
Pissaladière 81
Pizza 82
Quiche mit Zwiebeln und Champignons 84
Reisbuletten 70
Torte nach Elsässer Art 84
Vegetarische Pâté 80
Vegetarische Pâté mit Möhren 81
Vegetarische Pâté mit Tomaten 81
Weizenkroketten 78

Suppen
Andalusische Suppe 101
Artischockencreme 99
Baskische Tomatensuppe 99
Bohnensuppe 87
Brennesselsuppe 96
Chinasuppe 98
›Die Suppe der Einheimischen‹ 91
Gemüsesuppe 87
Gemüsesuppe mit ›Pistou‹ 95
Graupensuppe 98
Grüne Suppe 90
Kalte Joghurtsuppe 102
›Kari‹ mit Kerbel 89
›Kari‹ mit Koriander 89
Kerbelcremesuppe 86
Kichererbsensuppe 93
Kressecremesuppe 86
Linsensuppe 96
Maissuppe 97
›Plain water rasam‹ 94
Rosmarinsuppe 91
Rote-Bete-Suppe 100
Samtsuppe mit Kürbis 92
Scharfe Suppe mit Ananas 88
Schnelle Tomatensuppe 93
›Shorba‹ 97
Spargelcremesuppe 90
Suppe aus Rettichkraut 93
Tomatencremesuppe 101
Zwiebelsuppe 92

Teigwaren
Cannelloni mit Champignons 103
Chinesische Nudeln mit Gemüse in süß-saurer Sauce 107
Hörnchen in Selleriesauce 105
Makkaroni mit Perlerbsen 105
Nudeln mit Spinat 106
Nudeln mit Zwiebeln 104
Spaghetti mit Basilikum 104
Spaghetti mit Knoblauchsauce 106
Überbackene Makkaroni 103

Reis- und Getreidegerichte
Buchweizen 118
Buchweizen mit Milch 121
Couscous auf tunesische Art 128
Gemüsemais und Spargel, überbacken 119
Gnocchi 125
Goldgelber Weizengrieß 126
Graupen mit Rosinen 123
›Halim‹ 124
Hirse mit Tomaten 122
Hirse mit Zucchini 122
Kascha mit Champignons und Oliven 120
Kascha-Surprise 120
Kedgeree 108
Königlicher Pulao mit getrockneten Früchten 111
Mais mit Paprika 119
Polenta mit Sojasauce und Oliven 121
Pulao mit Gemüse 110
Pulao mit Perlerbsen 109
Reis auf afghanische Art ›Quaubili Palao‹ 113
Reis mit Auberginen 115
Reis mit roten Bohnen 114
Reis mit Kokosnuß 116
Reis mit Sojabohnen 116
Reisring mit Möhren 114
Risotto mit verschiedenen Gemüsen 112
Schnelles Couscous auf marokkanische Art 126
›Tian‹ mit Kürbis 117
›Tian‹ mit Zucchini 117
Weizen mit Gemüse 123
Weizen mit Paprikastreifen 125

Hülsenfrüchte
Cassoulet mit Oliven 130
Dal 132
Erbsen mit Kräutern 136
Gelbe dal mit Kokosnuß 133
Gelbe dal mit Tomaten 134
Gelbe dal mit Tomaten (die schlanke Version) 135
Kichererbsenkroketten 137
Kichererbsen mit Kokosnuß 139
Kichererbsen nach Art von Penjab 138
Linsen mit Möhren 139
Püree aus Kichererbsen ›hoummos‹ 137
Rote dal mit Kreuzkümmel 135
Scharfe rote Bohnen 131
Sojabohnen mit Spinat 136
Süß-saure Bohnen 132
Überbackene weiße Bohnen 131

Gemüse
Artischocken auf andalusische Art 140
Auberginen auf russische Art 142
Auberginencurry 141
Auberginen mit Curcuma 141
Auberginen mit Parmesan 142
Blumenkohl mit Kartoffeln und Käse 143
Blumenkohl mit Samen und Körnern 143
Blumenkohl und Kartoffeln mit Koriander 144
Bratkartoffeln 144
Bunter Spinat 169
Champignons mit Muskat 145
Chop Suey mit Gemüse 145
Curry mit Cashewnüssen 148
Curry ›mit neun Juwelen‹ 146
Curry mit Perlerbsen und Möhren 149
Curry ›quer durch den Gemüsegarten‹ 147
Gefüllter Kohlkopf mit Gemüse 150
Gemüse mit Couscous 152
Gemüse nach Jägerart 151
Gemüsetopf 149
Geschmorte Gurken 150
Geschmorter Escariol mit Tomaten 153
Glasierte weiße Rübchen 151
Gombos (Okra) mit Tomaten 154
Gombos (Okra) mit Zwiebeln 153

Gratin von weißen Rübchen 152
Kartoffeln mit grünen Bohnen und Paprikastreifchen 156
Kartoffelragout 155
Kohl auf indische Art 155
Kohl mit Kokosnuß 157
Kümmelkartoffeln 154
Lauch mit Béchamelsauce überbacken 158
Madrascurry mit Gemüse 159
Morcheln in Crème fraîche 158
Nituké mit Zwiebeln 160
›Omelette‹ aus Kartoffeln 160
Papaya mit Tomatensauce 161
Paprikaschoten mit Kartoffeln 163
Perlerbsen mit Minze 161
Perlerbsen mit ›Panir‹ 163
Pot-au-feu mit Käse 164
Provenzalisches Gratin 162
Ratatouille ›Fantasie‹ 166
Ratatouille nach Art von Nizza 165
Rotkohl mit Äpfeln und Johannisbeersauce 164
Rotkohl mit Äpfeln und Zwiebeln 167
Sauerkraut 167
Sellerie, provenzalische Art 168
Spinat mit Crème fraîche 170
Spinat mit ›Panir‹ 168
Vegetarische Spießchen 170
Zweierlei Bohnen 171

Füllungen und Pürees

Artischockenböden ›Valmiki‹ 178
Auberginen, gefüllt auf indische Art 173
Champignons mit Schalotten gefüllt 173
Gefüllte Auberginen 172
Gefüllte Kürbisblüten, fritiert 178
Kartoffel-Mangold-Püree 174
Kartoffelpüree mit Champignons und Zwiebeln 175
Kartoffelpüree mit Käse 176
Kartoffelpüree mit Pipérade und Champignons 175
Kartoffelpüree mit Zwiebeln 174
Kartoffel-Sellerie-Püree 177
Kohl, gefüllt mit Maronen und Champignons 176
Kohl mit Reis gefüllt 177
Paprikaschoten, gefüllt auf arabische Art 180
Paprikaschoten, gefüllt mit Maiscreme 179
Paprikaschoten mit Estragonfüllung 179
Verschiedene gefüllte Gemüse 181
Zwiebel-Surprise 182

Nachspeisen

Apfelschnitten 204
Backpflaumencreme mit Orangen 184
Bananencreme 183
›Besan ke laddou‹ 209
Bienenstich 200
Blancmanger 183
Cashewnußfüllung 205
Dattelschnitten 199
Die Botschaft ›sandesh‹ 205
Erdnußbruch 209
Exotisches Sorbet 187
Freude der Prinzen 185
Gazellenhörnchen 203
Geschmolzene Bananen 186
Getrocknete Früchte mit Mandelfüllung 207
Grapefruits mit Quark 185
Himbeerkuchen 195
Kleine Küchlein aus Haferflocken 191
Kokosnußhäppchen 207
Kokoshäufchen 206
Kokosnußkonfitüre 204
Kuchen, verkehrt 197
Kürbis-Halvah 187
Maisgrießkuchen mit Datteln 193
Maismehlscheibchen 193
Maistorte 192
Makronen nach Großmutters Art 198
Mandelfüllung 203
Mandel-Halvah 186
Mangoldtorte 196
Mantecaos 201
Maronen-Küchlein 189
Maronenpüree 190
Möhren-Halvah 188
Milchreis 192
Nußkuchen 199
Orangensalat mit Weißwein 187
Pfefferkuchen 198
Pistazienfüllung 205
Pulenda 191
Rhabarberkuchen 197
Schokoladen-Couscous 194
Schokoladenstückchen mit Cashewnüssen 208
Stachelbeercreme 184
Variationen über Madeleines 202
›Versteckte Liebe‹ 206
Weizengrieß-Halvah mit Safran 189
Zitronenkuchen 195
Zuckerkuchen 201

Wie macht man . . .?

Apfelweinessig 217
Ausbackteig 213
Butter 213
Currypulver für vegetarische Gerichte 212
Garam Masala 221
Joghurt 218
Käse 219
Kokosmilch 220
Kuchenteig 215
Molke und ›Panir‹ 217
Mürbeteig 212
Nudeln ohne Eier 214
Pfannkuchen aus Buchweizenmehl 216
Pfannkuchen aus Weizenmehl 211
Pfannkuchen aus Weizen- und Sojamehl 216
Sandteig 215
Vollkornbrot 210